Hans Apel

Hans, mach du das!

Lebenserinnerungen

BRUNNEN
Verlag Giessen · Basel

FSC
www.fsc.org
MIX
Papier aus ver-
antwortungsvollen
Quellen
FSC® C014496

2. Auflage 2010

© 2010 Brunnen Verlag Gießen
www.brunnen-verlag.de
Lektorat: Ralf Tibusek
Umschlagfoto: Bertold Fabricius
Umschlaggestaltung: Ralf Simon
Satz: DTP Brunnen
Herstellung: GGP Media GmbH, Pößneck
ISBN 978-3-7655-1793-8

Inhalt

Vorbemerkung

Dies ist keine Autobiografie, vielmehr der Versuch, meine vielfältigen Erfahrungen – Fehler, Erfolge, Dummheiten – so darzustellen, dass der Leser nachvollziehen kann, was uns umgetrieben hat. Da hat sich seit unserer Jugend viel verändert. Unsere Vorbilder, die uns bestimmenden Grundwerte, sind obsolet geworden. Und dennoch braucht unsere Gesellschaft, auch in unserer Zeit, vor allem aber jeder Einzelne eine grundlegende Orientierung für sein Menschsein, für sein Leben. Auch darum geht es.

Dies ist kein Vademekum für ein erfolgreiches und glückliches Leben. Es soll vielmehr offenlegen, wie Ingrid und Hans Apel bisher durch ihre Lebenszeit gemeinsam geschritten sind, was sie bewegt hat, welche beachtlichen Fehler meinen Weg markieren, wie wir beide den Herausforderungen der Zeit und den Anwürfen Dritter widerstanden haben. Viele Menschen haben zu uns gehalten, uns geholfen, uns ihre Zuneigung geschenkt. Und so sagen wir heute mit Paulus: „Was bleibt, sind Glaube, Hoffnung und Liebe. Die Liebe aber ist das Größte."

Ein rundes Bild von uns entsteht nur dann, wenn wir nicht nur unsere Schokoladenseiten vorweisen. Üblich ist das nicht, aber notwendig. Nur so kann der Leser selbst urteilen und mehr Spaß an dieser Lektüre haben. Gemeinsam haben wir an diesem Buch gearbeitet und unser Gedächtnis und meine Tagebücher durchforstet.

Bleibt die Frage: Warum jetzt dieses Buch? „Du weißt doch gar nicht, wann du stirbst, wie alt du wirst." Stimmt. Doch wann sollen wir über unsere Erfahrungen in unserer Lebenszeit schreiben? Wenn sich uns bereits der Schatten des Todes nähert? Nein! Wir wollen fröhlich und möglichst unbefangen berichten. Und Sensationelles erwartet uns nicht mehr, das unsere Lebensbilanz noch umkrempeln könnte. Wir werden auf den vorgezeichneten Pfaden weitergehen, bis wir am Ziel angekommen sind.

Alt werden

78 Jahre, ein biblisches Alter. Udo Jürgens singt: „Mit 66 Jahren, da fängt das Leben an ..."

Von 78 Jahren ist nirgendwo die Rede. Freunde gratulieren uns, als wenn es mein Verdienst wäre, ein alter Mann geworden zu sein. Früher wurde so gerechnet: Addiere das erreichte Lebensalter deiner Eltern und teile das Ergebnis durch zwei. Dann weißt du, wie alt du werden wirst. Bei dieser Rechnung wäre ich mit etwa 55 Lebensjahren gestorben, also im Jahre 1987. Solche Rechnungen sind heute hinfällig geworden. Meine Mutter ist mit 44 Jahren an einem Herzklappenfehler gestorben. Heute hat man dafür „Ersatzteile" von Schweinen. Mein Vater starb mit 63 Jahren an Krebs. Heute lässt uns die Hochleistungsmedizin deutlich länger leben.

Wie wird es weitergehen? Wir sind nicht Herr unseres Lebens. Nur in bescheidenem Maße können wir durch unser eigenes Verhalten auf unsere physische Existenz und die Geschwindigkeit des Alterungsprozesses Einfluss nehmen. Plötzlich oder auch schrittweise kommt es zu einem „Knacks", der vieles verändert.

Als Hamburg Ende Juli 1943 durch anhaltende alliierte Flächenbombardements weitgehend zerstört wurde, unser Miethaus aber stehen geblieben war, musste ich als Elfjähriger täglich etwa 30 Minuten durch das Trümmerfeld wandern, um bei einer Verteilungsstelle für Lebensmittel Nahrung zu holen. Da hatte ein kleines Haus den Feuersturm überlebt. Ich stand davor und war verwundert. Eine alte Frau gab mir Antwort: „Wir gehören zur Neuapostolischen Kirche, Gott hat unser Haus beschützt."

Habe ich in den letzten Jahren ähnlich gedacht? Um uns

herum wurden Menschen von schlimmen Krankheiten getroffen. Meine Vorsorgeuntersuchungen sagten dagegen: „Alles in Ordnung." Stand ich als Christ unter dem individuellen Schutz Gottes, um den ich im täglichen Gebet gebeten hatte? Oder war das alles nur ein gütiger Zufall?

Es war ein gütiger Zufall. Denn im Dezember 2008 sagt mir mein Urologe: „Ihre Harnblase ist in Ordnung." Im September 2009 muss sie wegen eines bösartigen Geschwürs entfernt werden.

Die Nächte im Einzelbettzimmer sind lang und geben Raum für weitschweifendes Nachdenken über Gott, mein weiteres Leben und meine Verpflichtungen gegenüber den Lebenden. Und über den Tod. Schon vor meiner Krankheit habe ich mich nicht gescheut, über den Tod und mein Ende zu sprechen. Dabei stieß ich auf Unverständnis. Niemand will darüber etwas hören, geschweige darüber reden. Tod ist auch bei vielen Christenmenschen ein Tabu, das man möglichst verdrängt. Den eigenen Tod sowieso. Wenn es schon ans Sterben gehen muss, soll es schnell gehen, notfalls mit Sterbehilfe. Bis dahin will man aber bitte an dieses individuelle Endschicksal nicht erinnert werden.

„Warum wollen Sie eigentlich nicht 90 Jahre alt werden?", so lautet die Frage, wenn ich über meinen Tod rede. Eine entlarvende und vom Wesentlichen ablenkende Frage. Schließlich liegt es bei aller vorsorgenden, möglichst gesunden Lebensweise nicht in unserer Hand, wann und wie wir sterben, im Bett oder durch einen Verkehrsunfall. Und alt werden ist doch kein Ziel an sich. Was sind 90 Lebensjahre wert, wenn wir verwirrt sind, uns selbst und unserer Familie mehr Last sind und einseitige Pflicht statt Freude am gemeinsamen Leben?

An den Tod denken ist für mich, wie vielleicht manche fälschlich vermuten, kein Zeichen von Morbidität, sondern von Dankbarkeit für mein bisheriges Leben und Ansporn, die mir verbleibende Zeit zu nutzen. Diese Welt ist voller Herausforderungen, die sich unserer Neugier anbieten. Es ist eine Sünde, vor allem aber eine Riesendummheit, die uns geschenkte Lebenszeit zu vertun, sich zu langweilen und die Zeit totzuschlagen, sich schon nachmittags vor die Glotze zu setzen.

Viele unserer Freunde „trocknen ein". Sie nehmen Abschied von ihrer Umwelt. Ihre Interessen reduzieren sich auf sich selbst, ihre Lebensumstände, ihre Gesundheit, ihre Verdauung. Will ich mit ihnen über künftige Probleme unserer Gesellschaft reden, winken sie ab. „Für mich ohne Relevanz", geben sie mir zu verstehen. Doch vom Tod wollen sie auch nichts hören. Vor ihm haben sie Angst und wollen ihn aus ihrem Bewusstsein verbannen. Und so schlagen sie die ihnen verbleibende Lebenszeit im wahrsten Sinne des Wortes tot. Eine Art Tod auf Raten.

Wie tief die Trauer nach dem Tode eines Menschen in der Seele der Überlebenden sitzt, ist selten erkennbar. Aber äußerlich sollte man sie tunlichst nicht zeigen. Mein Vater trug ein Jahr lang nach dem Tode seiner Frau eine schwarze Binde auf dem Ärmel seincs Mantels und einen schwarzen Schlips. Vielleicht gibt es solche Zeichen der Trauer noch in letzten Winkeln katholischer Frömmigkeit. Aber doch nicht in den Zentren progressiven Lebens.

Die Überlebenden wollen nicht an das Sterben als ihr letztes Lebensziel erinnert werden. Viele Trauerfeiern dienen diesem Vergessen. Sie sind eher Happening als Ausdruck tiefer Trauer und Dank für dieses beendete Leben. So bleiben die Trauernden oft allein mit ihrem Schmerz. Manche Menschen organisieren diesen Tag derart, dass sie anonym beigesetzt werden wollen und sich so niemand um die Grabstelle nach ihrem Tode kümmern muss. Sie wissen wohl, dass da keiner ist, der diesen Ort der Beisetzung braucht, um an sie zu denken. Es muss schrecklich sein zu wissen, dass da niemand ist, der einen vermisst.

Angst vor dem Tod habe ich nicht. Und ich hoffe auch, dass das in meiner Todesstunde so bleibt. Denn ob mein Glaube an die Auferstehung dann noch hält, ist nicht sicher. Wir beide, meine Frau und ich, wünschen uns allerdings eins: dass wir beide möglichst zeitgleich sterben. Dafür bete ich Tag für Tag. Der eine kann nicht ohne den anderen leben. Mit 16 und 18 Jahren haben wir uns kennengelernt, sind „miteinander gegangen", wie es damals so schön hieß. Unsere Goldene Hochzeit liegt längst hinter uns. Seit 60 Jahren kennen wir uns und lieben uns.

Unsere zwangsläufige Trennung von Montag bis Freitag durch 25 Jahre Bundestag war für uns nur schwer zu ertragen. Aber das war damals unvermeidlich. Wir wollten nicht, dass unsere beiden Töchter in dem künstlichen Bonner Klima aufwachsen und sich einen „Stich ins Höhere" zulegen. Ebenso wichtig war aber auch, dass wir unser Hamburg lieben. Nur hier können wir auf Dauer glücklich und zufrieden leben. Und wir mussten in Hamburg für die Bürger und die Genossen stets erreichbar sein. Deshalb habe ich es auch stets abgelehnt, mit meiner Telefonnummer aus dem Telefonbuch zu verschwinden. Meine Antwort an das BKA: „Die Terroristen können uns durch diese Leitung keine Bombe ins Haus schicken."

Diese Einstellung teilen nicht alle. Heute zeigt sich der Rang eines Politikers auch daran, ob er eine Geheimnummer hat. Selbst Bürgerschaftsabgeordnete halten sich für bedeutend. Der Wähler möge sie bitteschön nicht stören.

Für mich war es eine bittere Konsequenz der Entwicklung der SPD, im Jahre 1990 nicht erneut für den Bundestag zu kandidieren. Doch heute weiß ich, dass das ein entscheidender Schritt zu unserer inneren Befreiung war. Da flogen nicht nur die Parteibrillen weg. Wir wurden auch die elenden Parteiversammlungen los.

Unser Verstand und unsere Seelen konnten sich neu entfalten und für neue Herausforderungen öffnen. Insofern war die Wiedervereinigung für mich, für uns beide, ein Segen. Nun gab es für mich neue Arbeit. Und wir konnten obendrein in Hamburg wohnen bleiben. Ingrid vor der Wende: „Wenn du dauernd zuhause bist, darfst du mir nicht meinen Bohntje (plattdeutsch: meine Arbeit) wegnehmen."

Sie ist die Hausfrau und nur sie allein. Putzen darf ich nach ihren Anweisungen. Aber mehr auch nicht. Doch nun hatte ich ja wieder meinen eigenen „Bohntje".

Natürlich spüren auch wir beide heute unseren körperlichen Verschleiß. Nach längeren „Märschen" mit strammem Schritt und Tempo schmerzen Knie und Rückgrat. Aber dafür gibt es Diclac. Das Bergwandern mit der Alpin-Schule Innsbruck im Januar/Februar jeden Jahres mussten wir aufgeben, weil ich es nicht mehr schaffe. Aber das ist doch kein Grund, zuhause zu bleiben. Auf Teneriffa oder Gran Canaria haben wir unsere individuellen Wanderwege gefunden, die wir entsprechend unserer körperlichen Leistungsfähigkeit bewältigen können.

Wir Alten sind überflüssig. In den Parteien und den Verbänden verdrängen die rabiaten Jungen die Alten von all den Positionen, die Glamour und/oder Geld bringen. Dort, wo es nur um Arbeit geht, gibt es diesen Andrang nicht. Im Gegenteil. Doch die Alten lassen das nicht mehr mit sich machen. Für Wahlkampfarbeit, vor allem Plakate kleben, stehen sie nicht mehr bereit. „Warum soll ich mir diesen Stress noch antun", sagen sie. „Wo ich doch finanziell ausgesorgt habe und auf Mallorca die Sonne scheint." Und so kommen wir in eine perverse gesellschaftspolitische Lage: Das Wahlvolk wird immer älter. Seine Repräsentanten gehören anderen Generationen an. Sie tun nur so, als wenn sie verstünden, was die Alten umtreibt. Sie sind für die Politiker Stimmvieh, nicht einmal Wahlvolk und sie gehen auch noch brav wählen, prozentual viel stärker als die Jungen.

Hier liegt eine spannende und gesellschaftlich dramatische Entwicklung vor uns. Der Versuch von Union und SPD, ihre Alten in speziellen Gliederungen der Partei einzufangen, ist gescheitert. Warum sollten auch die Alten in diesen politischen Pflegeheimen mitmachen? Spezielle Altenparteien wie die „Grauen" haben keine Chance. Alt-Sein ist kein Programm. Noch leugnet oder verdrängt unsere Gesellschaft die demographische Zeitbombe. Doch bald müssen die vielen Alten und die Minderheit der Jungen gemeinsam entscheiden. Und dann wird es spannend.

General de Gaulle hat am Ende seines Lebens das Altwerden als „naufrage" bezeichnet, als eine zerstörerische Kraft, eine Vernichtung seines Lebensschiffs. Nach einer Niederlage in einem Referendum nach den Maiunruhen im Mai 1969, das er zu einem Plebiszit über seine Politik macht, tritt er als französischer Präsident zurück und zieht sich nach Colombey les Deux Eglises zurück. Plötzlich hat er die zentrale Machtposition in der französischen Politik verloren; auch sein Einfluss auf die europäische und die Weltpolitik ist Vergangenheit. Dieser Machtmensch steht vor dem Nichts. Das trifft ihn ins Mark. Weder bei Willy Brandt noch bei Helmut Schmidt habe ich Vergleichbares erlebt. Sehr wohl aber bei Karl Schiller.

Für Politiker ist es nicht leicht, ihren Abschied, ihren Abstieg, zu verarbeiten. Man wird schrittweise weniger gefragt, beachtet, zur Kenntnis genommen. „Den kenn ich doch, wer war das noch?", mögen manche Mitbürger denken, wenn sie uns begegnen. Bei unserem Kulturwandern in Griechenland sitzen wir beim Frühstück. Ein Gast geht vorbei. „Sind Sie es?" Ich sage ja. Er geht weiter. Dann kommt er zurück. „Und was waren Sie?" ... Er holt sich ein Frühstücksei vom Buffet. Neue Frage: „Und wie heißen Sie?"

Nun haben wir beide unsere Ruhe. Da ist es angenehmer, wenn mein Gesicht in ihrem Gedächtnis nicht mehr gespeichert ist.

Ich finde es normal, wenn ich aus Altersgründen aus Aufsichtsräten und Beiräten aussortiert werde. Feste Altersgrenzen nehmen diesem Prozess seine Peinlichkeit. Schließlich wollen die Jungen auch mal an die Futterkrippen. Nur der Aufsichtsrat des Ohnsorg-Theaters ist mir treu geblieben. Geld gibt es da nicht.

Wenn Dritte uns Alte „entdecken" und zum Mitmachen einladen, haben sie meist Hintergedanken. Wir haben Vermögen, das begehrlich macht. Wenn wir zusätzlich noch ein gewisses Ansehen in der Öffentlichkeit haben, umso besser. Das Albertinen-Diakoniewerk beschließt, die Albertinen-Stiftung zu gründen. Sie soll seine Arbeit sinnvoll ergänzen, insbesondere aber Projekte in Angriff nehmen, die sowohl dem Grundgedanken der Diakonie entsprechen, insbesondere aber das Ansehen von Albertinen und seiner Chefs hell erstrahlen lassen. Die Stiftung wird mit einem Stiftungskapital von einer Million Euro ausgestattet. Das reicht natürlich für Projekte wie die Schaffung eines Hospizes nicht aus. Deshalb müssen Großspenden und Zustiftungen eingeworben werden. Das sollen Alte besorgen, entweder aus ihrem eigenen Vermögen oder durch die Werbung bei Dritten.

Also werde ich bearbeitet und lasse mich zum stellvertretenden Vorsitzenden der Albertinen-Stiftung wählen. Dann erst „rieche ich den Braten". Zu melden habe ich nichts. Ich bin ausschließlich für die Akquirierung von zusätzlichen

Mitteln ausgewählt worden. Aber auch über sie verfügen die Herren von Albertinen dank ihrer Mehrheit im Vorstand. Natürlich verlasse ich die Stiftung nach einer Schamfrist. Weitere zwei Versuche dieser Art kommen über Vorgespräche nicht hinaus. Über unser Vermögen verfügen wir selbst. Betteln gehen zur „höheren Ehre" Dritter ist mein Lebensziel nicht.

Wir brauchen keine Altenbetreuung zu unserer Unterhaltung. Wir lesen viel. Wir beide haben stets ein Buch beim Wickel. Weitere warten schon auf uns. Und so werden wir nicht einsam. An die Stelle belangloser Gespräche treten die Bücher. Wir fragen im Brockhaus oder anderswo solange nach, bis wir alle offenen Fragen für uns geklärt haben. Und so forcieren wir auch nicht die Suche nach neuen Bekanntschaften. Viele eher belanglose Kontakte haben wir sowieso. Da wird dann geredet und geredet. Meine Frau ist eher schweigsam, auch wenn sie im Vergleich zu früher heute viel redet. „Warum erzählst du eigentlich so oft deine Stories?", fragt sie mich hinterher. „Sie kennen sie noch nicht und ich höre mir lieber selbst zu, als das ich ihr Gelaber ertrage."

„Typisch du", sagt sie dann.

Wir haben viel zu tun. Seit Kurzem haben wir einen Fensterputzer. Alles andere machen wir selbst. Ich bin die „akademische" Putzfrau. Meine Frau wäscht, bügelt und kocht so gut, dass wir am liebsten zu Hause essen. Theater, Kino, Orgelkonzerte, lange Spazierwege und der FC St. Pauli stehen auf unserem Wochenprogramm.

Wir beide sind Einzelkinder. Alleinsein haben wir schon im Kindesalter gelernt. Auf der Straße und in der Schule hatten wir natürlich unsere Spielkameraden, auch im Sportverein. Doch in die Wohnung durften wir kein anderes Kind mitnehmen. Das war ja auch bei unseren kleinen Wohnungen kaum möglich. In der Wohnstube, bei meinen Eltern hieß sie „Herrenzimmer", lebten wir nur während der Festtage. Das

Schlafzimmer war tabu. In der Küche wurde versucht, mich sattzukriegen. Da waren keine weiteren hungrigen Blicke erwünscht. Und zum Spielen war auch kein Platz. Und so mussten wir „oben", wie es hieß, in der Wohnung also, uns mit uns selbst vergnügen. Das war natürlich bei unseren Kindern im Reihenhaus in Hamburg-Volksdorf ganz anders.

Nun gehen wir beide gemeinsam seit „Ewigkeiten" durchs Leben und vermissen nur selten menschliche Gesellschaft. Wichtig sind für uns unsere Kinder und unsere Enkelkinder. Doch sie gehen auch eigene Wege. Sie sind wichtig für uns, aber nicht unser Zeitvertreib.

Manche Wohlhabende nisten sich auf teuren Kreuzfahrtschiffen ein. Da treffen wir sie dann, sie, die schon die goldene Ehrennadel des Schiffs für unzählige Reisen auf diesem Dampfer haben. Wir werden ihnen als Tischpartner beigegeben, quasi als Bonbon für die Markentreue dieser Seefahrer. Ich habe mir abgewöhnt, mich darüber zu mokieren, gibt es doch die Möglichkeit, die Seelenlage dieser Alten zu erfahren. Sie kennen längst alles. Landausflüge machen sie nicht mehr, alles schon gesehen. Dafür auf dieser Reise Hans Apel ... Sie schwimmen in Geld. Ihr Pflegeheim ist ein Luxusschiff. Liebende Angehörige haben sie wohl auch nicht, dafür jede Menge Langeweile. Ihre testamentarischen Verfügungen werden erwähnt. Tierheime und ähnlich „hochhumanitäre" Institutionen sollen ihre Vermögen erben. Was für ein armseliges Leben im watteseligen Wohlstand. Wenn sie an Bord sterben, werden sie im Zinksarg die Heimat erreichen. Und dann?

Als Verteidigungsminister muss ich an der Beisetzung eines hohen Militärs teilnehmen. Das übliche Zeremoniell mit Musik und soldatischer Tradition. Nach dem Abschluss der Feierlichkeiten kommt die Witwe zu mir. Ich kondoliere noch einmal. „Vielen Dank, Herr Minister. Diese Abschiedsfeier war würdig und ergreifend. Es ist nur schade, dass mein Mann das nicht miterleben konnte."

Wer weiß?

Tradition und Zeremoniell am Ende des Lebens können den Überlebenden helfen, über ihren Schmerz hinwegzukommen. Auch deshalb werden fast alle Nennchristen kirchlich beerdigt. Beim Heiraten ist es ganz anders. Das ist auch verständlich. Der Tod ist einmalig und endgültig. Beim Heiraten ist das ja nicht so. Und die lobpreisenden Reden am Grab sind ungefährlich. Der Tote kann wegen möglicher Peinlichkeiten keinen roten Kopf mehr bekommen. Und die Angehörigen fühlen sich in ihrem Schmerz bestätigt.

Wir aber wollen bei unserer Beisetzung kein Brimbamborium. Keine Bundeswehr, die feierlich aufmarschiert, kein Massenauftrieb, kein dummes Geschwätz und hohle Reden. Ingrid will einen Kranz von der SPD, falls da einer an meinem Sarg liegen sollte, eigenhändig expedieren und draußen hinlegen. Natürlich ist das Unsinn. Die Vergangenheit ist versunken. Doch sie bleibt dabei: „Die haben dich zu mies behandelt."

Da gehören nur die Freunde hin, die wirklich traurig sind. Und natürlich unser Pastor, der unseren Herrn vertritt und uns aussegnet.

Mein Deutschlehrer Walter Söchting hat uns in der Oberstufe des Gymnasiums Uhlenhorst-Barmbek mit den deutschen Bildungsromanen bekannt gemacht. Dem „Simplizissimus" von Grimmelshausen, „Wilhelm Meister" von Goethe, „Der Zauberberg" von Thomas Mann, dem „Glasperlenspiel" von Hermann Hesse. Dessen Gedicht „Stufen" mussten wir auswendig lernen. Erst im Alter hat mir dieses Gedicht seinen ganzen Sinn eröffnet und hilft mir.

STUFEN

Wie jede Blüte welkt und jede Jugend
Dem Alter weicht, blüht jede Lebensstufe,
Blüht jede Weisheit auch und jede Tugend
Zu ihrer Zeit und darf nicht ewig dauern.
Es muß das Herz bei jedem Lebensrufe
Bereit zum Abschied sein und Neubeginne,
Um sich in Tapferkeit und ohne Trauern
In andre, neue Bindungen zu geben.
Und jedem Anfang wohnt ein Zauber inne,
Der uns beschützt und der uns hilft zu leben.

Wir sollen heiter Raum um Raum durchschreiten,
An keinem wie an einer Heimat hängen,
Der Weltgeist will nicht fesseln uns und engen,
Er will uns Stuf' um Stufe heben, weiten.
Kaum sind wir heimisch einem Lebenskreise
Und traulich eingewohnt, so droht Erschlaffen,
Nur wer bereit zu Aufbruch ist und Reise,
Mag lähmender Gewöhnung sich entraffen.
Es wird vielleicht auch noch die Todesstunde
Uns neuen Räumen jung entgegensenden,
Des Lebens Ruf an uns wird niemals enden ...
Wohlan denn, Herz, nimm Abschied und gesunde!

aus: Hermann Hesse, Sämtliche Werke, Band 10: Die Gedichte.
© Suhrkamp Verlag Frankfurt am Main 2002.

Natürlich atmet dieses Gedicht nicht den Geist unseres christlichen Glaubens. Doch es gibt unser Credo wieder: Nicht aufgeben, neugierig bleiben, mutig Neues anpacken, auf Menschen zugehen. So wollen wir bis zu unserem Tode leben.

Jung sein

Von meinem Opa väterlicherseits, der andere war schon lange tot, sind mir zwei Sätze in Erinnerung: „Ik weet nich, wo de Deern de Dummheit her hett."

Damit meint er seine Tochter, meine Tante Frieda. Ich kann das damals nicht verstehen. Sie ist kinderlos mit einem Kinovorführer verheiratet. Und das gibt mir die vorteilhafte Möglichkeit, bis zur weitgehenden Zerstörung Hamburgs durch die alliierten Bomber Ende Juli 1943 umsonst ins Kino zu gehen.

Ein zweiter Satz betrifft mich: „Da gev ik ok noch wat to."

Es geht um die Finanzierung der Ausbildung seines einzigen Enkels, der in der Volksschule mit erstaunlichen Noten überrascht. Ich soll „Baumeister" werden, sagen sie. Keine Ahnung, was das bedeutet. Mein Opa, nun ein alter Mann, war Mitte der achtziger Jahre des 19. Jahrhunderts aus Thüringen nach Hamburg gekommen, nur um überleben zu können. Dieser kräftige Mann hatte Jahrzehnte im Hamburger Hafen als unständiger Hafenarbeiter seine Familie ernähren können. Sein Respekt vor guten Zeugnissen ist augenscheinlich groß.

Bei meinen Eltern muss das ähnlich gewesen sein, allerdings mit sehr unterschiedlichen Konsequenzen. Während meine Mutter ihr einziges Kind streng an die Kandare nimmt: Eine Drei wird nur dann gerade eben noch hingenommen, wenn auch Ebeling – mein Dauerkonkurrent aus dem Nebenhaus – noch schlechter geschrieben hat. Sie liebt mich und fordert mich. Als sie im Herbst 1946 stirbt, übernimmt mein Vater die „Erziehung". Er war gerade rechtzeitig aus dem Krieg zurückgekommen. Sein Sohn wird nur noch bewundert. Doch ich war bereits programmiert.

Bei meinen häuslichen Aufgaben nach dem Tod meiner Mutter ändert sich wenig. Für meine Mutter muss ich einkaufen und putzen. Sie kocht. So geht es dann auch weiter. Doch mein Vater drückt mir auch noch die Lebensmittelkarten und seinen Lohn in die Hand. „So war es doch auch, als unsere Mutter noch lebte."

Und er kann nicht klauen. Zusammen mit anderen halte ich die Kohlenzüge an, die bei uns in Richtung Dänemark vorbeifahren. Nachts sägen wir im Stadtpark Bäume ab. Unser Kanonenofen, den wir aus den Trümmern geholt hatten, braucht schließlich Futter. Dafür sorge ich schon.

Unsere Zweizimmerwohnung hat Zentralheizung. Nach dem Krieg bleiben die Kokslieferungen aus, unsere Heizung bleibt kalt. Auch der Unterricht fällt in diesen eiskalten Wintermonaten 1946/47 und 1947/48 aus. Nur zur Schulspeisung gehen wir hin. Wir müssen das „Futter" in der Schule essen. Wer schnell isst, kann auf einen Nachschlag hoffen. Das schaffe ich immer. Und so bin ich bis heute ein Schnellesser geblieben.

Mit dem vollen Kochgeschirr aus dem Zweiten Weltkrieg gehe ich über das Eis des Osterbekkanals nach Hause zum Wiesendamm 14. Das Thermometer zeigt in der Wohnung 4 Grad an. Ich lege mich voll bekleidet ins Bett, um wieder warm zu werden. Erst abends wird der Kanonenofen angezündet, kann mein Vater meinen Nachschlag warm machen und essen.

Oft ist Stromsperre. Manchmal haben wir noch Hindenburg-Lichter, kleine Kerzen in einer Metallschale. Sie sind den Teelichtern ähnlich. Sonst sitzen wir im Dunkeln und warten auf das elektrische Licht. Doch wir beide langweilen uns nicht. Mein Vater erzählt mir über die Jahre vor dem Krieg und über die Kriegszeit, von der Liebe zu seiner Frau und von seiner Jugend auf St. Pauli.

Meine Eltern waren keine Nazis, aber stolz auf Hitlers Erfolge. Wenn mein Vater seine Klampfe nimmt und wir dazu Volkslieder singen, ist dabei stets der Choral „Wach auf, wach auf, du deutsches Land! Du hast genug geschlafen. Bedenk, was Gott an dich gewandt, wozu er dich geschaffen."

Das ist kein „Nazi-Choral", sondern Ausdruck der Sehnsucht der Nachreformationszeit, dass sich dieses Land auf sich selbst besinne. Mein Vater ist als Verkäufer bis zur Zwangsvereinigung mit der Deutschen Arbeitsfront Mitglied des „Deutschen Handlungsgehilfen-Verbandes". Die Liebe meiner Eltern gehört ihrer Sangesbewegung Lobeda, die Abkürzung für „lobet, betet, danket". Als die Nazis auch diesen Sängerbund auflösen, nehmen sie das klaglos hin.

Warum war mein Vater 1937 in die NSDAP eingetreten? So richtig hat er mir das nie erklären können. Und hingelaufen zu den Versammlungen seiner Partei ist er auch nicht. Dazu hatte er weder Zeit noch Lust. Monatlich kamen zu uns ins Haus die NS-Schulungsbriefe. Sie wurden ungelesen aufgestapelt. Als mich meine kranke Mutter im April 1945 bittet, vor dem Einmarsch der britischen Truppen unsere Wohnung zu „entnazifizieren", bieten sie mir die größten Probleme. Diese großen Pakete kann ich – mit Draht verschnürt und Ziegelsteinen beschwert – im Dunkeln nur mit großen Schwierigkeiten im Osterbekkanal versenken. „Mein Kampf" und der „Mythos des 20. Jahrhunderts" von Alfred Rosenberg leisten nur geringen Widerstand.

Die Spuren meiner „Entnazifizierung" in unseren Fotoalben sind noch heute zu besichtigen. Alle Nazisymbole auf den Bildern habe ich mit einer Rasierklinge rausgeschnitten. Da sitzt Onkel Paul in seiner SA-Uniform und hat mich auf dem Arm. Doch sein rechter Arm ist weg und damit auch seine Hakenkreuzbinde.

Mein Vater arbeitet bis zur Zwangsarisierung als Verkäufer

in einem jüdischen Einzelhandelsgeschäft für Teppiche und Gardinen. In der Weltwirtschaftskrise hatte er seine Arbeit behalten. Mit seinen Chefs hatte er keine Probleme. Aber dann waren sie weg. Doch mit den Ariern hat er danach auch keine Probleme. Vielleicht ist er deshalb in die NSDAP eingetreten nach dem Motto: „Sicher ist sicher!"

Und mein Vater hat nachhaltig Ahnenforschung getrieben. Bis tief in das 18. Jahrhundert kann er vordringen. Ergebnis: Arier ohne Ende. Unsere Vorfahren waren in bunter Reihe Ackerknechte, Fuhrleute, Dienstmädchen, eine Schneiderin, auch einmal ein Handwerksmeister. Einem „Aufstieg" seines Sohnes bei den Nazis steht also nichts im Wege.

Meine blauen Augen und blonden Haare, vor allem aber meine Schulzeugnisse wecken das Interesse der Partei. Mit zwölf Jahren wurden solche Knaben auf die „Adolf-Hitler-Schulen" geschickt. Wenn sich die Eltern nicht widersetzten. Es ging hin und her in der Familie.

Doch ich hatte zwei Probleme: Im Turnen war ich eine ziemliche Null. An den Tauen oder den Stangen in unserer Turnhalle hänge ich wie ein nasser Sack. Und ich habe eine große Klappe, bin schlagfertig und frech. Als unser Fähnleinführer prüft, ob wir unsere Schuhe unterwärts, den Steg zwischen Schuhsohle und Hacke, geputzt hatten, komme ich seiner Brüllerei zuvor. „Weißt du nicht, dass der Führer befohlen hat, überall massiv zu sparen, auch bei der Schuhcreme?"

Er ist sprachlos, aber das nur kurzfristig. Und dann werde ich „geschliffen", wie das so schön heißt: Rennen, bis man wirklich nicht mehr kann.

Doch solchen „Mängeln" kann man auf der Adolf-Hitler-Schule schon beikommen. Die Hammelbeine langziehen, hieß es. Doch ich bin Bettnässer. Und das war eine unüberwindbare Barriere. Schon mein Großvater soll das gehabt haben. Mit der einsetzenden Pubertät war das dann vorbei. So war das auch bei meinem Vater und später bei mir. Meine Oma hatte große Probleme, die nassen Sachen so trocken zu bekommen, dass die Nachbarn nichts merkten. Denn sie wohnten auf St. Pauli in der Talstraße im Hinterhof und schauten sich wechselseitig in die Fenster.

Wir wohnen in Barmbek in einer Zweizimmerwohnung mit Zentralheizung und warmem Wasser. Das ist schon putzig: im proletarischen Barmbek ein Neubau mit den bürgerlichen Attributen „Zentralheizung, zentrale Warmwasserversorgung". Dies in einem Stadtteil, in dem nach dem Auch-Barmbeker Helmut Schmidt „die Miete mit dem Revolver kassiert wird". Und das alles in einer kleinen Zweizimmerwohnung!

Meine Mutter konnte sich mit dem Wohnort „Barmbek" nie abfinden. „Frau Apel, wo wohnen Sie?"

Antwort: „Am Wiesendamm in Winterhude."

In der Tat, der Wiesendamm verläuft parallel zur U-Bahn vom Barmbeker Bahnhof bis zur Station Borgweg in Winterhude. Wir aber wohnten in Sichtweite des Barmbeker Bahnhofs.

Meine Mutter hatte keine Probleme, das nasse Bettzeug zu trocknen. Wir hatten kein direktes Gegenüber. Doch wie können meine Eltern den Nazis beibringen, warum der Sohn nicht zur Adolf-Hitler-Schule soll? Ein Bettnässer auf einer der Kaderschmieden der Nazis? Undenkbar!

Meine Eltern schieben natürlich andere Gründe vor, warum sie ihren Sohn behalten wollen. Das ist für den kleinen PG Hans Apel nicht ganz einfach.

Im Laufe des Krieges verschlimmert sich das Herzleiden meiner Mutter immer mehr. Sie wird von der Pflicht befreit, halbtags zu arbeiten. Einkaufen, putzen, meine Mutter in den

Luftschutzkeller bringen, liegt nun bei mir. Und damit gibt es nun eine glaubwürdige Erklärung, warum ich nicht von zu Hause wegkann, auch nicht in die fast obligatorische Kinderlandverschickung.

Und so habe ich zusammen mit meiner Mutter alle Bombenangriffe auf Hamburg miterlebt. In den ersten Kriegsjahren waren sie für mich eher unterhaltend. Die Sirenen heulen, schnell rein in die Klamotten und runter in den Keller. Tagsüber kommen sie nicht. Manchmal kracht es. Mörtel rieselt von der Kellerdecke. Fensterscheiben gehen drauf. Am nächsten Tag müssen wir später zur Schule.

Doch dann kommt der 25. Juli 1943. Die Amerikaner und Briten beginnen das „Unternehmen Gomorrha". Hamburg soll wie die sündige Stadt des Alten Testaments ausgelöscht werden. Abends heulen die Sirenen. Wir gehen in unseren Luftschutzkeller. Mein Vater hat Heimaturlaub aus Russland. Stundenlang wird der Westen der Stadt – Altona, Eimsbüttel, St. Pauli – bombardiert. Am nächsten Morgen kann die Sonne an diesem heißen Hochsommertag nicht aufgehen. Die Stadt liegt unter einer dichten Rauchdecke. Tagsüber fliegen amerikanische Bomber Angriffe auf militärische Ziele.

Zwei Nächte später das gleiche Szenario. Die britischen Bomberflotten setzen nun zur Zerstörung des Südens der Stadt an – Hamm, Hammerbrock, Rothenburgsort. Eine meiner Cousinen verbrennt mit ihren Kindern. Ihr Mann ist Soldat. In dieser Nacht kommen Zehntausende in den Flammen um. Uns packt die Panik. Denn nun wissen wir, dass wir als Nächste dran sind.

Meine Mutter will die Stadt verlassen. Doch mein Vater findet keine Fahrgelegenheit. Wir gehen in einen völlig überfüllten Bunker am Barmbeker Bahnhof. Die gegenüberliegende Hamburg-New-Yorker-Gummiwaren-Fabrik und alle Wohnhäuser brennen lichterloh. Da springen nach einem Volltreffer die Eisentüren des Bunkers auf. Der beißende Rauch dringt ein. Mitten im Angriff müssen wir den Bunker räumen.

Wir sollen zum Stadtpark laufen, kommen an unserem Haus vorbei. Es brennt noch nicht, wir flüchten in unseren Keller. Mein Vater und einige andere Männer sorgen die ganze Nacht dafür, dass unser Haus nicht brennt. Vor allem binden sie die im Feuersturm aus den zerborstenen Fenstern flatternden Gardinen fest. Der Funkenflug findet keine Nahrung. Am nächsten Morgen fliehen wir nach Bad Segeberg. Mein Vater reißt meine Alben mit den Zigarettenbildern auseinander und nagelt die Pappen an die leeren Fensterrahmen. Darüber gräme ich mich am meisten. Ansonsten war unser Haus in einer Trümmerwüste stehengeblieben. Neben uns steht Heidenreich und Harbeck, ehemals Maschinenfabrik, jetzt Rüstungsbetrieb. Da löscht die Feuerwehr. Das hilft auch uns.

Nach der weitgehenden Zerstörung Hamburgs durch die Terrorangriffe Ende Juli/Anfang August 1943 werden alle Schulen in Hamburg geschlossen und die Kinder geschlossen in die Kinderlandverschickung geschickt. Wen die Eltern nicht mitgeben, bleibt ohne Schulunterricht zurück. Das Hamburger Umland und die unzerstörten Vororte aber haben weiterhin Schulunterricht.

Ich werde nach einigem Hin und Her bei Tante Else, Leiterin der örtlichen NS-Frauenschaft in Blankenese, polizeilich angemeldet und kann so die Oberschule Blankenese in der Kirschtenstraße besuchen. Morgens um 6.00 Uhr aufstehen, fast eine Stunde mit der S-Bahn von Barmbek losfahren und dann so zur Schule schleichen, dass keiner merkt, dass ich vom Bahnhof komme. Dazu nachmittags einmal in der Woche Jungvolk in Blankenese.

60 Minuten vor einem drohenden Bombenangriff klingeln die Schulglocken. Der Unterricht ist für diesen Tag beendet. Alle gehen nach Hause. Ich schleiche zum Bahnhof und fahre

los. Beim 15-Minuten-Alarm heulen in der Stadt die Sirenen. Die S-Bahn fährt noch bis zum nächsten Bahnhof. Da heißt es, aussteigen und den Bunker aufsuchen. Das aber tue ich nur dann, wenn wir über den Dammtor-Bahnhof oder den Hauptbahnhof nicht hinausgekommen waren. Danach hält die Bahn nämlich in einer ausgedehnten Trümmerwüste. So kann ich den Gang in einen Luftschutzbunker vermeiden. Den Weg nach Hause kenne ich. Da wohnt niemand mehr. Und wenn es zu sehr kracht, gehe ich in Deckung in einer Ruine. Meine Mutter weiß das. Sie sitzt voller Angst im Luftschutzkeller, nicht gut für ihr krankes Herz. Doch ich finde mich toll. Wie ein Held betrete ich dann unseren Luftschutzkeller.

Im Herbst 1944 ist man uns auf die Schliche gekommen. Schluss mit Blankenese. Da meine Oberschule in Barmbek im KLV-Lager ist, dem Kinderlandverschickungsprogramm der Nazis, soll ich nun auch dahin. Da meine Eltern das ablehnen, werde ich „aus der deutschen Oberschule ausgeschlossen" und gehe in die „Betreuung der Volksschule Bramfelder Straße" über, auch sie in KLV-Lager. Mein Vater, der Unteroffizier Hans Apel, schreibt an Hitler und bittet ihn um Hilfe: „Mein Führer …"

Irgendeiner antwortet nach Monaten barsch mit einem klaren Nein.

Mein Onkel Paul, Pflegeonkel und SA-Sturmbannführer, ist bei uns zu Hause beim letzten Heimaturlaub meines Vaters. „Hans", sagt er zu meinem Vater, „mache dir keine Sorgen. Der Krieg ist verloren."

Und dann höre ich die erste politische Aussage meines Vaters. „Hätten wir bloß 1933 dafür gesorgt, dass wir unsere Sozi-Papas behalten hätten."

Als wir uns im Herbst 1945 bei unseren Schulen melden, fehlt in meiner Schule, der Oberschule Uhlenhorst-Barmbek, meine Akte. Wir können das aufklären. Der Schulleiter tut so, als wären meine Eltern politisch verfolgt worden. Unsinn! Ich hatte lediglich eine schwache Blase.

In diesen Kriegsjahren leben wir in einer perspektivlosen Zeit, quasi in den Tag hinein. Zu essen haben wir genug. Wenn Briefe von meinem Vater kommen, sind wir glücklich und froh. Wenn wir über lange Wochen nichts hören, sind wir traurig, können uns allerdings nicht vorstellen, dass ihm etwas zugestoßen ist. Wir leben in den Tag hinein und hoffen auf den Endsieg. Als einer meiner Schneidezähne bei einer Prügelei auf der Straße abbricht, sagt der Zahnarzt zu meiner Mutter: „Dieser Zahn wird absterben und schwarz werden. Nach dem Endsieg wird Ihr Sohn einen wunderschönen Stiftzahn bekommen."

Dieser Zahn sitzt auch heute noch bombenfest ohne irgendeine Verfärbung in meinem Oberkiefer. Um ihn herum teure Implantate, die mein Gebiss komplettieren.

Meine Cousins, einige Jahre älter als ich, wollen Offiziere werden. Und so ziehen sie als Freiwillige in den Krieg. Da hatte die Hitlerjugend ganze Arbeit geleistet, denn meine Tanten und Onkel waren dagegen. Allerdings ohne Erfolg. Mich trennen von der Einberufung zum Flakhelfer nur wenige Jahre. So wird mir ein Schicksal erspart, das vielen von ihnen ihr Leben kostet.

Mich fragt niemand, was ich werden will. Was hätte ich auch antworten sollen? Zu Beginn des Zweiten Weltkrieges die glänzenden Siege. Doch Soldat sein will ich nicht. Dann die massiven Bombenangriffe, die die militärische Übermacht unserer Kriegsgegner immer klarer in mein Bewusstsein heben. Stalingrad, die Landung in der Normandie, der Vormarsch unserer Kriegsgegner an allen Fronten. Da höre ich auf, auf einer Europakarte die militärische Lage mit bunten

Stecknadeln zu markieren. Die Nazis sagen uns, was mit uns passiert, wenn wir den Krieg verlieren. Da habe ich keine Wunschträume über meine Zukunft.

Mit meinen gut 13 Lebensjahren erlebe ich das Kriegsende. Nun können wir nachts durchschlafen. Der Hunger erreicht uns. Doch sonst ändert sich eigentlich nichts. Hamburg liegt in Trümmern. Die Zeitung meldet, wenn Hamburg in derzeitiger Geschwindigkeit wieder aufgebaut werden würde, werden in 30 bis 40 Jahren die letzten Trümmer verschwunden sein. Das stört uns nicht. Wir packen an. Es wird schon werden. Berufswünsche kommen später.

Während andere Jungs an Motoren und Radios, auch an Elektrizität, interessiert sind, können mich solche Dinge kaum interessieren. Nur einmal, kurz vor dem Ende des Krieges, will ich BBC hören und habe deshalb solange an unserem Volksempfänger gefummelt, bis er kaputt ist. Meine Mutter muss eine Wolldecke geben, um diesen Kasten repariert zu bekommen. Und niemand darf wissen, wieso er nicht mehr läuft. Denn was ich da versucht hatte, wird von den Nazis schwer bestraft wegen „Wehrkraftzersetzung", heißt es.

Ich lese im Kriege, aber auch danach alles, was mir vor die Augen kommt: Unser NS-„Hamburger Tageblatt" von vorne bis hinten; alle Schundromane, die die Nachbarn ausleihen; alle Bände von Karl May; alle Kriegsbücher über den Ersten Weltkrieg, die mir zugänglich sind, auch Erich Remarques Buch „Im Westen nichts Neues". Dazu Hermann Löns, Theodor Storm, Felix Dahn …, von Grimm „Volk ohne Raum", alle Märchenbücher von den Brüdern Grimm, von Andersen und von Hauff, wie die Deutschen Heldensagen und vieles andere mehr.

Meine Mutter schenkt mir zu Weihnachten und zum Geburtstag stets einen Stapel Bücher. Sie in unserer Zweizimmerwohnung zu verstecken, ist schwierig. Und so habe ich alle Bücher schon vor der „Bescherung" gelesen.

Ein unsortierter Cocktail? Sicherlich. Doch ich habe auch heute noch ein merkwürdiges Gedächtnis. Nach der Lektüre eines Buches kann ich seinen Inhalt für kurze Zeit wortgetreu wiedergeben. Doch dann schwindet der Inhalt aus meinem Gedächtnis, so dass ich Bücher nach einer gewissen Zeit erneut lesen kann mit Leselust und Neugier. Für meine Prüfungen, vor allem an der Universität, ist Ersteres klasse. Sicherlich ein Grund für die guten Ergebnisse.

Und so ist wohl damals in meinem Gemüt zwischen 1941 und Kriegsende ein wildes Gemisch von Eindrücken und Erinnerungen entstanden, ohne Naziprägung. Natürlich haben wir auf der Straße vor Freude gejubelt, wenn im Radio Sondermeldungen kommen. Die Bomberei der Westalliierten hat bei uns keinen Hass auf die Piloten erzeugt. Sie war vor allem ein Zeichen für die zunehmende Überlegenheit unserer Kriegsgegner und die Verlogenheit der Nazis. Nach einem schweren Bombenangriff habe ich erlebt, wie nachts ein Hitlerbild von oben kommt und neben mir auf das Straßenpflaster fällt. Barmbek war vor 1933 eine Bastion von Sozialdemokraten und Kommunisten. Hier wirft man bereits Anfang 1944 seinen nur vorgetäuschten Glauben an die Nazis aus dem Fenster.

Ein Gefangenenlager in unserer Nachbarschaft, massiv bewacht, beherbergt ausgemergelte Russen, die bei Heidenreich und Harbeck arbeiten müssen. Wir wollen ihnen Brotreste zuwerfen, weil sie uns so leidtun. Doch die Wachen bedrohen uns und jagen uns weg. Ich befrage meine Mutter. Aber sie weiß auch keine Antwort. Als bei uns ein Mann mit nur einem Arm, mit dem EK I, aber mit einem Judenstern vorbeigeht, bleibt sie mir jede Erklärung schuldig.

Langsam verdampfen unsere Begeisterung für diesen Krieg und unser Glaube an die Unbesiegbarkeit Deutschlands. Heimlich singen wir am Ende des Krieges nach der

Melodie „Die Wacht am Rhein": „Lieb Vaterland, kannst ruhig sein. Der Hitler zieht die Opas ein. Und das soll die Vergeltung sein."

Dann sind die Engländer da. Und es ändert sich vorerst nur eins, die Verdunkelung hört schlagartig auf. Deutschland hatte aufgehört zu existieren. Alle nehmen das ungerührt zur Kenntnis. Es geht nur noch um das nackte Überleben. Da bleibt keine Zeit, über die Zukunft und die eigenen Lebensperspektiven nachzudenken.

Als die Schule Ende 1945 wieder anfängt, ist unser Geschichtsunterricht putzig. Es geht mit den alten Römern los oder noch früher. Doch spätestens 1848 mit den Ereignissen um die Frankfurter Paulskirche endet der Gang durch die Historie. Weiter wagen sich die Lehrer nicht vor. Da aber weiterhin „Geschichte" auf dem Stundenplan steht, fangen wir noch einmal von vorn in der Antike an. Die Kriegsverbrechen der Nazis tauchen im Unterricht kaum auf. Mein Vater redet mit mir darüber. Erst viel später in den sechziger Jahren werden Holocaust oder Euthanasie zu einem wichtigen Thema. Damals, kurz nach dem Krieg, will man davon möglichst wenig hören. Mein Vater sagt mehrfach: „Wenn Deutschland aufgeteilt wird" – er sagt das ohne Bedauern –, „sollte Hamburg zu Großbritannien kommen."

Das war nun nachgeblieben von der Liebe zum Großdeutschen Reich. Die Nazis hatten sie mit Stumpf und Stiel ausgebrannt. In der Schule haben wir einen Klassenkameraden, der von einer der Adolf-Hitler-Schulen kommt. Natürlich hält er über diese Zeit seine Klappe. Doch er ist ideologisch geprägt. Wie froh bin ich, dass mir das erspart worden ist.

Unser Klassenlehrer Hans Martens, neben meinem Vater der Mensch, der mich als Heranwachsender am meisten geprägt hat, singt mit uns auf unseren Klassenreisen neben Wanderliedern sehnsüchtig über unser verlorenes Vaterland. „Ich hab' mich ergeben mit Herz und mit Hand, Dir Land voll Lieb' und Leben, mein deutsches Vaterland."

Oder: „Deutschland, heiliges Wort, Du voll Unendlichkeit. Über die Zeiten fort, sei'st Du gebenedeit."

Das Goethe-Jahr und das Schiller-Jahr erinnern daran, was dieses Deutschland der Welt geschenkt hat. Der Hass der Nazis auf Mendelssohn Bartholdy und ihr Verbot, seine Werke zu spielen, macht uns beim Hören seiner Orgelwerke klar, welche miesen Banausen sie waren. Was sie unserem Vaterland auch kulturell angetan haben.

Damals wächst in mir heran: Eine Liebe zu meinem Vaterland und ein grenzenloser Hass auf die Nazis, die Deutschland in den Dreck gezogen haben, die unser Erbe, unseren Stolz auf Dauer befleckt haben. Meine Frau und ich stehen 2005 in Auschwitz und schämen uns für unser Land. Solche Verbrechen dürfen nicht vergessen werden. Wenn ich Neonazis höre und sehe, packt mich stets eine unheimliche Wut. Ihnen darf nicht mit Verständnis oder Toleranz begegnet werden.

Das ist der zentrale Grund, weshalb ich explodiere, als ein evangelischer Pastor namens Dr. Christian Stoodt am 1.7.2008 in einem Interview mit der Tageszeitung „Junge Welt" – ein Relikt aus der DDR – feststellt, ich sei Angehöriger des rechtsnationalen Milieus in der Bundesrepublik Deutschland. Der Ausgangspunkt für diese Verleumdung findet Dr. Stoodt in meiner Rede vor einer Vereinigung mit dem Namen „Die Stimme der Mehrheit" im März 2007. Ich referiere über mein Buch „Europa ohne Seele". Dieses Buch setzt sich mit der Europäischen Union auseinander und analysiert die Rolle der Kirchen und des christlichen Glaubens in Europa.

Es kommt zu heftigem Widerspruch aus dem Publikum. Nur mit der Hilfe des Versammlungsleiters kann ich meinen Vortrag beenden, und dennoch leitet Dr. Stoodt aus meiner Teilnahme an dieser Versammlung ab, ich sei Teil des rechtsnationalen Milieus. Als mein Anwalt gegen ihn vorgeht, legt er nach. Am 26.2.2009 erklärt er in einem Gespräch mit der Tageszeitung „Junge Welt", ich sei Teil einer „hochgradig vernetzte(n) Zusammenarbeit von Journalisten, Wirtschaftsführern und Militärs", die in rechtsnationalen Zirkeln wirken. „Diese Leute treten nicht offen auf und sagen, wofür sie stehen: Gegen Migration, für starke Überwachung der Bevölkerung, gegen soziale und gewerkschaftliche Rechte und gegen einen kritischen, linken Journalismus. Sie versuchen ihre Ziele durch rechten Filz zu etablieren."

Natürlich frage ich mich, warum ich für diese Leute ein Rechtsnationaler bin. Bei aufmerksamem Studium der Papiere wird das deutlich: Ich war als Verteidigungsminister ein strikter Verfechter des Nato-Doppelbeschlusses. Und ich sei „homophob" und aus der Nordelbischen Landeskirche ausgetreten, als sie beschloss, homoerotische Paare kirchlich zu trauen. Wie halten es eigentlich Dr. Stoodt und seine „Freunde" in den „christlichen" Synoden der evangelischen Landeskirchen mit dem Neuen Testament im Römerbrief des Paulus: „Weil die Menschen Gottes Wahrheit mit Füßen traten, ließ Gott sie in abscheuliche Laster fallen. Ihre Frauen praktizierten gleichgeschlechtliche Liebe ebenso schamlos wie die Männer. Damit haben sie die natürliche Ordnung mit einer unnatürlichen vertauscht. Wie es nicht anders sein konnte, haben sie die gerechte Strafe für ihren Götzendienst am eigenen Leib erfahren."

Als ich mit Helmut Schmidt über diese Angelegenheit spreche, erklärt er mich für übergeschnappt. „Wenn ich in meinem politischen Leben so wie du reagiert hätte, wäre ich ständig bei meinen Anwälten gewesen. So etwas muss man mit Verachtung abtun. Sieh zu, dass du diesen Unsinn los wirst."

Dazu gibt es Ende Mai 2009 Gelegenheit. Obwohl die Argumentation des Gegenanwalts nur aus einer Sammlung von belanglosen Fakten und Zitaten besteht. Ich hätte mich für eine Kindergartenpflicht ausgesprochen, weil nur so Emigrantenkinder Deutsch lernen würden. ... Ich hätte mich in der Jungen Freiheit für die Gründung einer konservativen Partei ausgesprochen. ... Ein Ereignis wird ausgewalzt: Im Frühjahr 2004 hat der damalige Verteidigungsminister Peter Struck die Bundeswehr angewiesen, den Namen Werner Mölders beim Jagdgeschwader 74 der Bundesluftwaffe und bei der Mölders-Kaserne in Visselhövede zu streichen, weil Mölders für die Bundeswehr nicht mehr traditionswürdig sei. Dieser Beschluss des Ministers, fast 50 Jahre nach Kriegsende, erfolgte nach einem Fernsehbericht des Magazins Kontraste und einem entsprechenden Brief des damaligen Bundestagspräsidenten Wolfgang Thierse. Im Jahre 1973 hatte der damalige Bundesverteidigungsminister Georg Leber der Verleihung des Namens an das Luftwaffengeschwader ausdrücklich zugestimmt. Dagegen hatten die DDR-Behörden das Grab von Werner Mölders nach dem Mauerbau eingeebnet. Es wurde nach der Deutschen Einheit mit der Unterstützung des damaligen Bundespräsidenten Richard von Weizsäcker wieder hergestellt.

Ich erkläre in einem Interview, dass nach meiner Meinung „Mölders als Namensgeber für eine Kaserne und ein Geschwader auch weiterhin Teil der Bundeswehrtradition" sei. Das haben christdemokratische und sozialdemokratische Verteidigungsminister bis zur Entscheidung von Minister Struck genauso gesehen.

Nach dem Zweiten Weltkrieg hatte der in den Nazi-KZs geschundene Parteivorsitzende Dr. Kurt Schumacher den „anständigen Soldaten der Waffen-SS" seine Hand ausgestreckt und sie zur Mitarbeit eingeladen. Heute versuchen Menschen, aus der deutschen Geschichte für ihre durchsichtigen Zwecke mieses Kapital zu schlagen. Und das findet vielerorts statt unter dem pathologischen Vorzeichen „Kampf gegen Rechts".

Die naiven Mitläufer sind davon überzeugt, damit gegen die Rechtsradikalen anzutreten. Die Drahtzieher von der EKD, über „Die Linke", Teile der Studentenschaft bis hinein in die SPD wollen mit diesen Kampagnen die Wertkonservativen in unserer Gesellschaft diskreditieren. Da freut sich Frau Merkel, denn die Konservativen in der CDU bleiben dadurch in Deckung und gründen bisher keine Partei rechts von den Christdemokraten.

Zwei Tage vor dem Gerichtstermin vor dem Landgericht Hamburg ruft einer der Richter bei meinem Anwalt an. Er möge mich dazu bringen, meine Klage zurückzuziehen. Denn sie würden meine Klage ablehnen und mich dadurch wohl in Schwierigkeiten bringen. Die Debatte geht hin und her. Als Beweis für meine „Rechtslastigkeit" wird auf den Fall Mölders Bezug genommen.

Ich ziehe die Klage zurück. Für die Richter eine gute Lösung. Sie müssen nicht mehr öffentlich Stellung nehmen. Für mich ein bitterer Rückzug. Doch die Alternative wäre gewesen, diesen Fall über Jahre durch die Instanzen zu tragen mit der Aussicht, dass ich immer wieder auf solche Richter stoße und auf die Macht der political correctness in Deutschland.

Immer konsequent ist nur der Dumme

Als Jugendlicher bin ich völlig unpolitisch. Mein Klassenlehrer Hans Martens versucht, uns im von ihm weitgefassten Religionsunterricht für unsere Gesellschaft und ihre Grundlagen zu interessieren. Bei mir stößt er auf wenig Gegenliebe. Da es für das Fach Religion keine Zeugnis wirksame Note gibt, sondern nur einen Vermerk „hat teilgenommen", bestenfalls „hat mit Interesse teilgenommen", lese ich unter dem Tisch die Sportzeitung. Mich interessieren vor allem der FC St. Pauli und meine Freundin Ingrid, meine spätere Ehefrau.

Die Politik packt mich im Verlauf der deutschen Aufrüstungsdebatte der späten vierziger und der frühen fünfziger Jahre. Mein Vater war als kleiner Nazi in den Zweiten Weltkrieg gezogen. Zurück kommt er als frommer Christ und Pazifist. Und so will er durch seine anonyme Teilnahme an den großen Friedenskundgebungen von Gustav Heinemann, dem späteren Bundespräsidenten, zusammen mit Helene Wessel, der Vorsitzenden der Zentrumspartei, die deutsche Wiederaufrüstung verhindern. Wir beide reden nun viel über Krieg und Frieden, auch über die Rolle unserer Kirche vor und nach 1945. 1953 darf ich mit 21 Jahren zum ersten Mal wählen. Wir beide wählen die inzwischen von Heinemann und Wessel gegründete Gesamtdeutsche Volkspartei. Sie bleibt deutlich unter fünf Prozent und kommt deshalb nicht in den Deutschen Bundestag. Ihre „Trümmer" landen ab 1957 in der SPD, so Heinemann und Wessel, Erhard Eppler und Johannes Rau.

1952 will mein Vater mit mir zu Ostern eine Tageswanderung durch die Lüneburger Heide machen. Aber vorher müssen wir in Lüneburg einen Ostergottesdienst besuchen. Der Pfarrer „hetzt" in seiner Predigt gegen die Friedensbewegung und ihre Repräsentanten. Sie würden den Sowjets helfen. Da stehe ich auf und frage ihn, ob er schon mal von der Bergpredigt gehört habe und ob nicht das 8. Gebot, „Du sollst nicht falsch Zeugnis reden wider deinen Nächsten", auch für ihn gelte? Eisiges Schweigen in der Kirche. Auch dem Pastor scheint es die Sprache verschlagen zu haben. Doch dann liest er seine Predigt weiter vor, als sei nichts gewesen.

Mein Vater wäre am liebsten im Boden versunken. Draußen nach dem Gottesdienst will er mich zur Rede stellen. Ich frage ihn, ob es ihm mit seinem Willen ernst sei, Deutschlands Wiederbewaffnung zu verhindern. Wenn das aber so sei, dann könnte man doch nicht schweigen, wenn da einer auf der Kanzel einseitig für die Kriegstreiber werbe. Da müsse ich konsequent handeln.

Nun höre ich von ihm zum ersten Mal das angebliche Zitat von Bismarck: „Immer konsequent ist nur der Dumme."

Und dann längere Ausführungen zu meinem Großvater mütterlicherseits, bereits vor meiner Geburt verstorben. Er sei ein intelligenter und zupackender Mensch gewesen. Doch er habe mit seinen Überzeugungen nicht hinter dem Berg halten können und wäre gegen Ungerechtigkeiten jeder Art angegangen. Und so wäre er nicht vorangekommen und ziemlich verbittert gestorben. Mein Vater hat Angst, dass sich dieses schlimme Erbgut bei mir wieder meldet.

Nach dem Abitur im Frühjahr 1951 geht es um die Frage meiner Berufswahl. In Chemie habe ich eine Eins. Doch mein Vater macht mir klar, dass er ein Chemiestudium nicht finanzieren könne. Er habe bereits mit unserem Pastor gesprochen. Wenn ich Theologie studieren würde, würde die Kirche wohl helfen. Doch das will ich nicht. Und meine Freundin sagt mir: „Wenn du Pastor wirst, heirate ich dich nicht."

Also soll ich eine kaufmännische Lehre machen. Ich muss mich immer wieder bewerben und vorstellen, bis es klappt. Denn Lehrstellen sind sehr knapp. Ein kleines Unternehmen – Export, Import, Handel mit Mineralölprodukten – nimmt mich.

Wir haben unser Büro in der Mönckebergstraße, Ecke Rathausmarkt. Ich bin der einzige Lehrling, also „Mädchen für alles". Morgens zur Bank, zu Marcard und Co. und die Bankauszüge holen, Überweisungsaufträge abgeben, Milch holen für zwei Sekretärinnen, Zigaretten mitbringen. … Ablage machen und andere wichtige Aufgaben wie das Telefon bedienen. Und so sage ich „Brammer und Co." … Ich soll ein Überweisungsformular ausfüllen. Es geht um 40 DM, und dann in Worten. Ich schreibe „vierzich". Da lachen alle. Aber so heißt das eben in Barmbek.

Ich mache an einer Fremdsprachenschule in Abendkursen mein englisches Dolmetscherdiplom und stürze mich dann auf die französische Sprache. Doch mein entfachtes Interesse an der Politik lässt mich nicht los. Mit dem Sommersemester 1954 beginne ich, an der Universität Hamburg Volkswirtschaft zu studieren. Ich werde Mitglied des Sozialistischen Deutschen Studentenbundes, in dieser Zeit ein ziemlich parteitreuer Verein. Nun finde ich auch den Weg in die SPD. Mein Vater ist entsetzt. Ich frage ihn, ob er es noch ernst meine mit seinem Widerstand gegen die deutsche Wiederbewaffnung? Und dann sei es doch nur konsequent, in die große Pazifisten-Partei SPD einzutreten. Und wieder wird von ihm Bismarck bemüht. Doch damit nicht genug. Meiner Frau wird eingehämmert, sie dürfe sich um Gottes Willen niemals an eine Partei binden, insbesondere nicht an die SPD. „Wenn uns die Russen über den Schnabel nehmen, kommt dein Mann nach Sibirien. Dann musst du die Kinder aufziehen."

Ich lasse mich nicht beirren, erinnere mich aber noch gut an das politische Klima dieser Zeit. Soldaten wollen die Deutschen nicht, aber existenzielle Angst vor den Kommunisten haben sie. „Lieber rot als tot", skandierten viele. Der hessische

Generalstaatsanwalt Bauer, ein in der Wolle gefärbter Sozialdemokrat, spricht zu uns in einer internen Veranstaltung des
SDS. Seine Quintessenz: In einem Vierteljahrhundert wird mit
großer Wahrscheinlichkeit Europa kommunistisch sein. Wie
tröstlich!

Mein Einstieg in die Politik beginnt 1956. Georg Kupfer-
schmidt, ein „Grande" des SDS, fragt mich, ob ich auch bei
den Jusos mitarbeite. Ich muss ziemlich blöde dreingeschaut
haben, so dass er sich gemüßigt sieht, mich aufzuklären, wer
die Jusos sind. Er sagt mir, um was es geht. Die Jusos suchen
einen neuen Landesgeschäftsführer. Sie haben zwei Kandidaten. Der eine ist zu links, die andere zu blöd. Ob ich denn
einem Bürobetrieb gewachsen wäre? Natürlich, nach drei Jahren im Beruf, und meine Frau sei Stenotypistin.

Das reicht ihm, um tätig zu werden. Und so wird Ingrid
und mir eine Jusovita gezimmert. Seit zwei Jahren seien wir
beide Mitglieder der Jusogruppe Barmbek-Mitte. Vor der De-
legiertenversammlung findet ein Tanzvergnügen statt. Ich tanze mit jeder Delegierten. Und so werde ich am nächsten Tag
als Landesgeschäftsführer und als Mitglied des Jusolandesvor-
standes gewählt.

Ich habe Glück. Bevor meine Partei 1960 ihren drastischen
politischen Schwenk macht hin zur vollen Übernahme der
militärischen Westintegration unseres Landes, die logische
Konsequenz von drei verlorenen Bundestagswahlen und der
politischen Realitäten, hatten wir Bundesdeutschland verlassen und lebten nun in Luxemburg. Seit August 1958 bin ich
Sekretär der Sozialistischen Fraktion des Europäischen Parlaments. Meine Arbeit mit den Abgeordneten aus Frankreich,
Italien und den Beneluxländern macht mir schrittweise deutlich, wie irreal und isoliert die Haltung der SPD in allen Fragen der Westbindung war. Wäre ich in Deutschland geblieben,

hätte ich sicherlich wie manche meiner Jusofreunde die SPD verlassen nach dem Motto Bismarcks: „Immer konsequent ist nur der Dumme."

Im Übrigen: Meine Doktorarbeit kann ich in Luxemburg abschließen trotz aller Unkenrufe meines Doktorvaters Prof. Ortlieb. „Sie haben eben eine eingebaute Pervitindrüse", ist seine Schlussfolgerung. Karl Schiller ist der Korreferent meiner Arbeit. Er fragt mich, warum ich ihn in meiner Doktorarbeit nicht zitiert habe. „Weil Sie so wenig veröffentlicht haben."

Das begründet eine herzliche gegenseitige Abneigung. Wir beide werden 1965 in den Bundestag gewählt. 1966 sitzen wir zusammen mit der CDU/CSU in der großen Koalition. Karl Schiller wird Wirtschaftsminister. Die SPD setzt die neue Institution der „Parlamentarischen Staatssekretäre" durch. Als Klaus Dieter Arndt zurücktritt, soll ich als sein Nachfolger als parlamentarischer Staatssekretär zu Karl Schiller. Das lehne ich ab. „Mit dem werdet ihr noch viel Freude haben", sage ich im kleinsten Kreis. Doch der Prophet gilt nichts im eigenen Lande. Auch wenn er 1972 recht behält.

Doch zurück nach Luxemburg. Im Jahre 1962 bestellt mich das Präsidium des Europäischen Parlaments zum Beamten auf Lebenszeit. Position: „Chef de Division". In deutscher Übersetzung nicht Divisionskommandeur, sondern Abteilungsleiter. Monatsgehalt 1962 steuerfrei DM 5.000. Besonders glücklich ist mein Vater. Nun hat sein Sohn nichts mehr mit der Politik im Allgemeinen und mit der SPD im Besonderen zu tun.

Aber lange währt seine Freude nicht. Die gaullistische Europapolitik nimmt der Integration ihren Schwung. Frankreich praktiziert in Brüssel die „Politik des leeren Stuhls". Es wird in Luxemburg für mich immer langweiliger. Da beschließe ich, diesen goldenen Käfig zu verlassen. Ich bewerbe mich bei der deutschen Exportindustrie. Schließlich hatte ich in dieser Branche meine Lehre absolviert und inzwischen gute Fremdsprachenkenntnisse. Doch bevor ich mich fest binde, überzeugen mich die Hamburger Bundestagsabgeordneten Helmut Kalbitzer und Helmut Schmidt davon, doch lieber 1965 in Hamburg für den Deutschen Bundestag zu kandidieren. Meine Frau stimmt zu. Sie will mit unseren zwei Kindern weg aus Luxemburg und wieder nach Hause nach Hamburg. Mein Vater sagt mir, Langeweile sei doch kein Grund wegzugehen. Und wieder einmal wird Bismarck zitiert. „Immer konsequent ist nur der Dumme."

*

Das Thema „Europa" lässt mich für den Rest meines Lebens nicht mehr los. In diesen sieben Jahren in Luxemburg war mir deutlich geworden, dass die europäische Integration ihre politischen Ziele nur dann erreichen kann, wenn die beteiligten Nationalstaaten einen wesentlichen Teil ihrer Souveränität an die Brüsseler Instanzen abtreten, sie also zu einer Art von „Bundesländern" in einem europäischen Bundesstaat werden. Dazu aber war im „Europa der Sechs" des Jahres 1958 (Benelux, Deutschland, Frankreich, Italien) kein Land bereit. Frankreichs Präsident Charles de Gaulle spricht vom „Europa der Vaterländer" und stoppt eine echte Integration. Die anderen Partner protestieren gegen diese französische Europapolitik. Doch tatsächlich sind sie zufrieden nach dem Motto: „Hannemann, geh' du voran, du hast die dicksten Stiefel an."

Heute hat die EU 27 Mitglieder. Dabei wird es nicht bleiben. Die vertraglichen Grundlagen der EU werden immer wieder nachgebessert. Doch am Prinzip hat sich nichts geändert: Die Integration ist für die Mitgliedsstaaten wichtig und von Vorteil. Doch sie und nun auch ihre nationalen Parlamente lassen sich von Brüssel nicht „die Butter vom Brot nehmen".

Und es kommt nicht zu Gesellschaftsstrukturen, die die nationalen Grenzen überspringen. Die EU hat derzeit 22 offizielle Amtssprachen. Von Land zu Land ist die Rolle und die Stärke unseres christlichen Glaubens und der Kirchen unterschiedlich, und damit auch die Einstellung ihrer Bürger zur Homosexualität, dem vorehelichen Geschlechtsverkehr, dem Ehebruch, der Ehescheidung, der Abtreibung. ... Eine europäische Glaubenskultur gibt es nicht. Das sogenannte „christliche Abendland" war und ist kaum mehr als eine Chimäre. Das Aktionsfeld unserer Kirchen ist der Nationalstaat.

Wir brauchen die Europäische Union. Vielleicht könnten die großen EU-Länder ein Stück Weges allein gehen. Aber auch sie würden über kurz oder lang an Grenzen nationaler Alleingänge stoßen und sich im Gestrüpp europäischer Widersprüche verheddern. Brüssel ist Realität und niemand kann sich aus dem Bestand europäischer Gemeinsamkeiten befreien. Das ist gut so.

Das wollen Europas Bürger auch gar nicht. Sie haben durchaus verstanden, dass ihre ganz persönliche, materielle Zukunft auch von dieser EU abhängt. Doch dieser kaum verstehbaren Brüsseler Maschinerie trauen sie andererseits nicht zu, ihre Arbeitsplätze, ihr soziales Netz gegen die großen Herausforderungen des Lebens – Arbeitslosigkeit, Krankheit, Invalidität, Altwerden – abzusichern. Bisher sind auch alle Ansätze der Gemeinschaft in diesen Bereichen ergebnislos geblieben. Ein Europa der Sechs hätte es vielleicht schaffen können. Das Europa der 27 vom Schwarzen Meer bis nach Karelien kann das nicht. Es muss zusätzliche Ängste um die materielle Zukunft der Menschen in den „reichen" EU-Ländern wecken und Ablehnung hervorbringen.

Eine existenzielle Krise erschüttert die EU im Frühjahr 2010. Der Euro, diese hochgelobte Währung von 16 Mitgliedern, gerät in schwere Turbulenzen. Vor seiner Einführung im Jahre 1999 haben viele, auch ich gewarnt: Ohne eine gemeinsame Finanzpolitik der Euroländer und gesunde Staatsfinanzen werde die gemeinsame Währung scheitern können.

Doch alle Warnungen werden vom Tisch gewischt. Europa könne ein starkes, vereintes Deutschland mit seiner übermächtigen DM nicht ertragen! Die Franzosen als Wortführer akzeptieren einen Euro, der in seiner Konstruktion der DM nachgebildet wird. Doch zu einer gemeinsamen Finanzpolitik kommt es nicht. Und so kann die nationale Schuldenpolitik fortgesetzt werden, bis die Bombe platzt.

Nun werden über Nacht riesige Milliardenbeträge mobilisiert, um den Euro, unsere Währung, zu retten. Der Euro wird wohl überleben. Doch ob er stark bleibt, ist offen. Ein schwacher Euro aber würde die EU nachhaltig verändern.

In diesen Jahrzehnten europäischer Integration habe ich in Vorträgen und Veröffentlichungen immer wieder auf die Grenzen der möglichen Einheit „Europas" hingewiesen. Der Widerspruch der Bürger war beachtlich. „Ich lasse mir doch von Ihnen nicht meinen Glauben an Europa nehmen."

Als wenn es darum ginge. Doch die politischen Realitäten waren und sind auch in der Europapolitik nicht gefragt. Das europäische Credo ist eben gut für Sonntagsreden der Politiker. Im politischen Alltag bestimmen die Interessen der Mitgliedsstaaten als Ausgangspunkt für mehr oder minder tragbare Kompromisse in Brüssel die Europadebatten.

*

Ich werde Bundestagsabgeordneter. Im Wahlkreis Hamburg-Nord war 1961 Max Brauer gewählt worden. Das war damals die einzige Möglichkeit, ihn ohne Eklat mit 74 Jahren zum Rückzug vom Amt des Hamburger Bürgermeisters zu bewegen. Nun will er erneut kandidieren. Meine Jusofreunde wollen das nicht. Ich bin ihr Gegenkandidat. Am 25. Februar 1965 soll eine Delegiertenkonferenz entscheiden. Ich bin bereits zwei Tage vorher bei meinen Eltern in Barmbek. Am 23. Februar ein Anruf der Gendarmerie Luxemburg: „Ihre Frau hat einen schweren Verkehrsunfall gehabt. Ihren Kindern ist nichts passiert. Sie sind bei Freunden untergebracht."

Ich rufe meinen Freund Peter Schulz an, unseren späteren Hamburger Bürgermeister. Meine Mutter und ich fliegen nach Luxemburg. Ingrid liegt in einem Luxemburger Hospital. Sie sieht schlimm aus. Sie hat einen komplizierten Beckenbruch. Wir sammeln unsere Kinder ein und fliegen am 25.2. nach Hause.

So kann ich mich rechtzeitig auf den Weg zur Kreisdelegiertenversammlung machen. Meine Jusofreunde sind erschrocken. „Da haben wir bei den Genossen verbreitet, du könntest nicht kommen, deine Frau liege im Sterben und dann tauchst du hier quietsch vergnügt auf. Mach wenigstens ein trauriges Gesicht."

Doch es kommt noch besser: Max Brauer schickt aus Bonn ein Telegramm. Er könne nicht kommen. Und so beantragen seine Freunde, nun dürfe auch ich keine politische Kandidatenrede halten. Das wird mit Mehrheit beschlossen. Prima! Ich hätte nicht gewusst, was ich hätte sagen sollen. Denn darüber hatte ich mir vor der Versammlung keinerlei Gedanken gemacht. Aber vorstellen darf ich mich: Ich erinnere an meine Jusoarbeit und meine Parteiarbeit in Hamburg vor sieben Jahren. Wir hätten zwei Kinder und ich sei 33 Jahre alt geworden. Denn heute hätte ich Geburtstag. Mit einer Mehrheit von 20 Stimmen werde ich gewählt. So beginnen politische „Karrieren"! Im Herbst 1965 werde ich in den Deutschen Bundestag gewählt, vier Jahre später wiedergewählt.

1972 bestätigen die Wähler bei der Bundestagswahl die seit 1969 in Bonn regierende sozial-liberale Koalition mit einer großen Mehrheit. Willy Brandt und sein Vizekanzler Walter Scheel vereinbaren, dass ein Sozialdemokrat als Parlamentarischer Staatssekretär im Auswärtigen Amt einziehen soll. Walter Scheel sagt zu Brandt, er wolle Hans Apel, den kenne er aus dem Europäischen Parlament. Ich will nicht. Ich will stellvertretender Fraktionsvorsitzender und Vorsitzender des Parlamentsausschusses für Post und Verkehr bleiben. Der Geschäftsführer der Bundestagsfraktion Karl Wienand: „Wenn du das nicht machst, wird dich Herbert Wehner, der Zuchtmeister der Fraktion, so abstrafen, dass du politisch kein Bein mehr auf den Boden bekommst."

Und so werde ich zum „Parteisoldaten" und Staatssekretär für Europafragen.

Im Brüsseler Ministerrat treffen Walter Scheel und ich wiederholt auf Jacques Chirac, damals französischer Landwirtschaftsminister. Ein kleinkarierter und kompromissarmer Vertreter der gaullistischen Grande Nation. Scheel und ich können ihn nur schwer ertragen. Scheel nennt ihn nur „Baldür de Chirac" in Anspielung auf den Reichsjugendführer der Nazis Baldur von Schirach.

Auf einem der ab Ende 1969 regelmäßig stattfindenden Treffen der Staats- und Regierungschefs der damals noch sechs Mitgliedstaaten fordern unsere Partner nach der Vollendung der Zollunion besondere Anstrengungen der Gemeinschaft für die Entwicklung der wirtschaftlich schwachen Regionen. Willy Brandt sagt 1973 als deutschen Beitrag 500 Millionen DM zu. Auf einer folgenden Ministerratssitzung soll dieses Vorhaben nun in feste Formen gegossen werden. Walter Scheel liegt mit Nierensteinen in einer Bonner Klinik. Und so muss ich im Bundeskabinett vortragen. Unsere Brüsseler Vertretung teilt mit, dass man im Kreise der ständigen nationalen Vertreter des Ministerrates einen deutschen Beitrag von mindestens 500 Millionen DM erwarte. Der Finanzminister Helmut Schmidt genehmigt lediglich 50 Millionen DM. Nach der Kabinettssitzung gehe ich zu Brandt und frage ihn, was nun werden solle. Er könne doch von seiner Richtlinienkompetenz Gebrauch machen. Müde winkt er ab. „Sprich doch noch einmal mit Helmut."

Ich fahre in die Graurheindorfer Straße, ins Finanzministerium. Schmidt lässt sich auf keinerlei Debatte ein. Ich werde in Ungnade entlassen.

Und so sitze ich allein im Brüsseler Ministerrat und teile meinen Kollegen mit, Deutschland werde sich am Brüsseler Regionalfonds mit 50 Millionen DM beteiligen. Ein homerisches Gelächter bricht aus. Sie verweisen auf die verbindliche Zusage unseres Kanzlers. Der britische Außenminister Sir Alexander Douglas-Hume versucht es mit der väterlichen Masche nach dem Motto „Junger Mann …!" Er pocht auf seine großen außenpolitischen Erfahrungen. Er sei schließlich bereits 1938 in München (bei der Kapitulation vor Hitler) dabei gewesen. Mein Zwischenruf: „Und darauf sind Sie heute auch noch stolz?"

Schweigen in der Runde. Ich soll in Bonn anrufen. Das mache ich nicht. Denn bei wem eigentlich? Beim Kanzler? Beim Finanzminister? Bei Walter Scheel? Der kennt zur Genüge die Spannungen zwischen Brandt und Schmidt. Er ist bereits auf dem Absprung in das Amt des Bundespräsidenten.

Die Sitzung endet ohne Ergebnis. Für unsere Partner eine ganz neue Erfahrung. Bisher hatten die Deutschen immer mal wieder Zicken gemacht, aber am Ende doch gezahlt. Auf der abschließenden Pressekonferenz erkläre ich: „Deutschland ist nicht der Zahlmeister Europas."

Mein Vater hätte mir wieder sein Bismarckzitat vorgehalten. Doch er war bereits 1965 an Krebs gestorben. Doch eins erreiche ich: Im riesigen Presserummel über meine Frechheiten wird nicht sichtbar, dass der Finanzminister in der Lage ist, seinen Kanzler politisch zu desavouieren. Im Kabinett gibt es keinen Ärger, denn zu positiv hatte sich insbesondere die Boulevardpresse geäußert.

Der britische Botschafter in Bonn will mich kennenlernen und lädt Ingrid und mich zu einem Abendessen in seine Residenz ein. Bekleidungsvorschrift: „Black tie." Wir übersetzen das mit „schwarzer Schlips". Spätestens jetzt hätte es bei uns klick machen müssen. Fragen beim Protokoll des Auswärtigen Amtes kostet ja schließlich nichts. Doch ich suche meinen Beerdigungsschlips raus. Ingrid zieht ihr Dirndl an. Als wir durch die Eingangstür gehen, wissen wir, was black tie heißt. Die Herren tragen ihren Smoking. Unsere Gastgeber sagen kein Wort, wir auch nicht. Es wird ein angenehmer Abend. Und Ingrids Sympathien für die Engländer wachsen weiter. „Schon bei ihrem Einmarsch 1945 nach Hamburg haben sie sich tadellos benommen", sagt sie.

Im Übrigen: Im Jahre 1975 wird der Regionalfonds der EWG beschlossen. Kanzler Helmut Schmidt, Finanzminister Hans Apel. Er verfügt im Jahre seiner Einführung über 150 Millionen ECU (damalige Rechnungseinheit der EWG), etwa 260 Millionen DM. Das waren damals gut zwei Prozent des Brüsseler Haushalts. Doch auch in diesem Falle beginnt eine Entwicklung, die immer mehr Geld in Brüssel verschlingt. Für den Zeitraum 2007 bis 2013 verfügt Brüssel für die Regionalpolitik über 308 Milliarden Euro, fast 600 Milliarden DM. Damit machen die Ausgaben für die Regionalpolitik 31 Prozent des Brüsseler Haushalts aus. Mehr als 42 Prozent gehen in die Agrarpolitik der EU. Sechs Prozent kostet die Brüsseler Verwaltung. Diese Europäische Union ist finanziell mehr als einseitig engagiert. Deutschland ist der größte Nettozahler der Gemeinschaft. Jährlich fließen etwa zehn Milliarden Euro aus unseren Kassen netto nach Brüssel.

Ostdeutschland erhält Brüsseler Hilfen aus den Töpfen der Regionalpolitik, etwa acht Prozent der Gesamtausgaben (23,5 Millionen Euro). Doch den Mitgliedstaaten und damit auch Berlin gehen in Westeuropa die wachstumsfördernden Infrastrukturprojekte aus. Und so werden bei uns Projekte finanziert wie die Restaurierung eines Kleinbahn-Bahnhofs auf Rügen, die Rettung alter Gebäude, die Modernisierung der Promenade von Heiligenhafen an der Ostsee. So ist es auch zunehmend bei unseren westeuropäischen Nachbarn. Brüssel hat Geld und das muss unter die Leute. Auch wenn Wachstumseffekte davon nicht ausgehen.

Als ich 1974 als Nachfolger von Helmut Schmidt Finanzminister werde, kann ich solche Erfahrungen tagtäglich machen. Es geht ja nicht um das eigene Geld. Und so wird immer wieder sichtbar, wie die Ministerialbürokratie oft auf Druck der Politik Millionen vom Finanzminister anfordert für Projekte, die den strengen Vorgaben solider Haushaltsführung und den Forderungen des Bundesrechnungshofes nicht gerecht werden. Und so muss ich mich fortlaufend mit meinen Ressortkollegen anlegen. Umso mehr, als wir wachsende Haushaltsdefizite haben, die wir nur durch eine rigorose Haushaltspolitik eingrenzen können.

Im Jahre 1978 werde ich als Nachfolger von Georg Leber Verteidigungsminister. Er sagt mir bei der Amtsübergabe: „Ich habe alles bestellt, du musst es nur noch bezahlen."

Flugzeuge, Hubschrauber, Haubitzen, Panzer, Fregatten … laufen zu. Doch das Geld reicht nicht. Jetzt muss ich beim Finanzminister betteln gehen und gleichzeitig der Bundeswehr einen brutalen Sparkurs vorgeben. Die 68er machen zunehmend Front gegen die Bundeswehr und die Nato. Doch meine größte politische Herausforderung begegnet mir als Verteidigungsminister mit dem Nato-Doppelbeschluss. Er ist die Konsequenz der Nato-Strategie der „flexible response".

Auf Deutsch: Die Nato muss bei jeder militärischen Aggression durch den Warschauer Pakt in der Lage sein, so zu antworten, dass Moskau seinen Angriff einstellt. Besser noch, gar nicht erst angreift. Deshalb muss auch die militärische Antwort der Nato auf den Warschauer Pakt über eine schrittweise Anhebung ihres Abschreckungspotentials verfügen. Ist die konventionelle Verteidigung des Nato-Gebietes nicht mehr zu gewährleisten, muss sie mit dem Einsatz taktischer Atomwaffen drohen können, um so den Warschauer Pakt zu stoppen. Weitere Eskalationsstufen müssen folgen können. Es ist eben nicht glaubwürdig, bei einem konventionellen Angriff, der die Verteidigungskraft der Nato überfordert, sofort mit dem Einsatz von atomaren Interkontinentalraketen und damit mit dem Weltuntergang zu drohen.

Der Aufstellung der sowjetischen, hochmobilen SS 20 ab 1976 mit ihrem Zielgebiet Westeuropa hat die Nato nichts Gleichwertiges entgegenzusetzen. Die USA wollen Europa beruhigen. Schließlich bleibe ja ihr interkontinentales Nuklearpotential uneingeschränkt einsetzbar. Das wirft Fragen der Glaubwürdigkeit der westlichen Abschreckung auf. Werden die USA bei einer Bedrohung Westeuropas durch die Sowjetunion mit ihren hochmodernen SS 20 ernsthaft bereit sein, mit ihrem interkontinentalen Nuklearpotential dagegenzuhalten und damit die Vernichtung ihres Landes, der UdSSR, der Welt zu riskieren?

Helmut Schmidt im Oktober 1977 in London: „Wir müssen an der Ausgewogenheit aller Komponenten der Abschreckungsstrategie festhalten. Das bedeutet: Die Allianz muss bereit sein, für die gültige Strategie ausreichende und richtige Mittel bereitzustellen, um allen Entwicklungen vorzubeugen, die unserer unverändert richtigen Strategie die Grundlage entziehen könnten." Der Nato-Doppelbeschluss ist faktisch geboren. Die USA entwickeln „contre coeur" atomar zu bestückende Marschflugkörper und die Pershing II als Abschreckung gegen die sowjetischen Europaraketen.

Trotz aller Verhandlungen und Beschwörungen setzt die UdSSR die Stationierung ihrer SS 20 fort. Die USA erklären, sie würden die Pershing II und die Marschflugkörper nur dann in die Produktion gehen lassen, wenn die Westeuropäer vorher ein klares Bekenntnis zu ihrer Stationierung auf ihrem Territorium abgeben würden. Und so kommt es nach beträchtlichen Schwierigkeiten im Bündnis am 12. Dezember 1979 in Brüssel zum Beschluss: Falls es nicht vorher zu einem wirksamen Rüstungsbegrenzungsabkommen über diese Mittelstreckenwaffen mit der UdSSR kommt, werden Pershing II und Marschflugkörper Ende 1983 in Westeuropa stationiert. Wir verkaufen diesen Nato-Doppelbeschluss als ein neues, progressives Modell der Rüstungsbegrenzung. Nur wenn sie versagt, wird nachgerüstet. Tatsächlich begeben wir uns damit politisch in eine unübersehbare Abhängigkeit von Moskau. Man kann nun mit uns „spielen".

Und das geschieht auch. Noch bleibt die SPD mehrheitlich bei der Stange. Doch spätestens nach dem Einmarsch der Sowjets in Afghanistan Ende 1980 wächst bei unseren Wählern die Angst vor einem dritten Weltkrieg und damit die Ablehnung der Nachrüstung. Die EKD und zunehmend die SPD hängen sich dran. Die EKD in der Hoffnung, ihren schleichenden Schwund an Mitgliedern und an Einfluss in unserer Gesellschaft zu stoppen. Die Repräsentanten der Mitte und des linken Flügels der SPD aus purem Opportunismus.

Die Verbalradikalen beherrschen den Blätterwald. Für Erhard Eppler wird der dritte Weltkrieg immer wahrscheinlicher. „Wenn von oben (der Bundesregierung) kein Friede mehr zu erwarten ist, versucht man ihn von der Basis her zu erzwingen."

So auf dem evangelischen Kirchentag 1981 in Hamburg.

Doch die Parteispitze sieht keinen Grund, auf diese und vorangegangene schlimme Auftritte dieses Herrn zu reagieren. Hans Jochen Vogel Mitte Juli 1981: Wenn es zur Aufstellung von Pershing II und Marschflugkörpern in Westeuropa komme, erhöhe das die Kriegsgefahr. Eine universale Apokalypse scheint nicht mehr unvorstellbar. Seine weitere politische Karriere ist gesichert. Die Anderen machen es primitiver: „Ich lasse mich doch wegen des Nato-Doppelbeschlusses von meiner Partei nicht kreuzigen", sagen sie und werden zu opportunistischen Gegnern unserer Politik.

Wolfgang Huber 1981 auf dem Kirchentag in Hamburg, bis 2009 Ratsvorsitzender der EKD: „Herr Apel, weil bisher in der Geschichte jede Aufrüstungs- und Wettrüstungsphase in einen Krieg geführt hat …", ist für Huber „der Gedanke, man könne Frieden und Freiheit oder das Selbstbestimmungsrecht unseres Volkes mit dem Einsatz atomarer Waffen verteidigen, ethisch unerträglich."

Ein christlicher Fälscher spricht. Aus der Abschreckung der Nato wird für Huber „Aufrüstung". Doch er kann es noch besser, für ihn haben unsere Atomwaffen „den Charakter von Angriffswaffen".

Als die SPD im Oktober 1982 die Macht in Bonn an Helmut Kohl verloren hat und die CDU bei der Bundestagswahl im März 1983 mit ihrem Bekenntnis zum Nato-Doppelbeschluss fast die absolute Mehrheit errungen hat, wird der Nato-Doppelbeschluss von Kohl durchgesetzt. 1987 trägt der Nato-Doppelbeschluss seine Früchte. Die USA und die Sowjetunion beschließen den vollständigen Abbau aller Mittelstreckenwaffen bis 1991. 1989 kommt es zur Deutschen Einheit. Die EKD bleibt geschwächt auf der Strecke. Die SPD bis 1996 in der Opposition.

Nach dem Machtverlust brechen in der SPD alle Dämme. Der spätere Parteivorsitzende Oskar Lafontaine fordert im

März 1983 den Austritt aus der Nato. Wenig später fordert er einen Generalstreik, um die Nachrüstung abzuwenden. Wie ein Tsunami fegt die Ablehnung des Nato-Doppelbeschlusses durch die SPD.

Das Eintreten für den Nato-Doppelbeschluss wird immer riskanter und kann zum politischen Selbstmord führen. Der DGB fordert alle MdB auf, mit Nein zu stimmen. Vorher war ich schon von der IG Metall als „Schreibtischtäter" deklariert worden. Eine „Druckwelle" nach der anderen erreicht meinen Briefkasten, um mich zum Nein zu bringen. Kirchenleute, Naturschützer, Ärzte müssen ran. Denn nach der Stationierung drohe der Dritte Weltkrieg, mindestens aber nach der Überzeugung von Willy Brandt eine Eiszeit in den Ost-West-Beziehungen.

Im Parteivorstand am Mittwoch, 16. November 1983, und im Parteirat am Donnerstag geht es anständig zu. Dafür sorgt schon Willy Brandt. Aber der Opportunismus grassiert. Holger Börner, mein Dauernachbar im Parteivorstand, will kaum mit mir reden. Ich soll seine Landesparteitagsrede lesen, wenn ich wissen will, wo er steht. Ohne sich zu Wort zu melden, stimmt er mit der Mehrheit gegen den Nato-Doppelbeschluss. Koschnick kommt erst gar nicht. Dohnanyi erklärt mir, dass meine Position unnötig und falsch sei. Er will mir beweisen, dass auch ich ohne Gesichtsverlust mit Nein stimmen könne. Auch Herbert Ehrenberg und Anke Fuchs stimmen mit Nein. Und so bleiben fünf Genossen übrig: Georg Leber, Hans Matthöfer, Helmut Schmidt, Hans-Jürgen Wischnewski und ich. Auf dem Kölner Parteitag geht es genauso zu. Mit einer Riesenmehrheit gegen ein „Bäckerdutzend" steigt die SPD aus ihrer sicherheitspolitischen Verantwortung aus.

„Immer konsequent ist nur der Dumme." Ich weiß genau, welchen Preis ich für mein Eintreten für den Nato-Doppelbeschluss zu zahlen haben werde, auch wenn uns der Gang der Dinge recht gibt. In Hamburg will mich mein Kreisverband Hamburg-Nord loswerden. Doch bei der Aufstellung der Kandidaten zur Bundestagswahl 1986 kann ich mich dank der Unterstützung der Parteibasis noch einmal durchsetzen.

Mein Aus kommt am 1. September 1988 in Münster auf unserem Bundesparteitag. Auch im 4. Wahlgang werde ich nicht wieder in den Bundesvorstand gewählt. Das Ergebnis ist eindeutig. Ich erhalte 52 Stimmen weniger als Peter Glotz, und auch er fliegt noch raus. Da gibt es nichts zu interpretieren. Die verbindliche Quote zugunsten von Frauen im Parteivorstand hat mit meiner Abwahl nichts zu tun. Die Partei will mich nicht mehr.

Ingrid und ich verlassen den Parteitag. Nun klingelt unser Telefon pausenlos. Ingrid und ich sind uns einig: Der Presse wird nichts gesagt. Gegen Abend, als es ruhig ist, ruft Vogel an. Er hätte für mich nicht mehr tun können, schließlich sei er jetzt nicht nur Fraktionsvorsitzender, sondern auch Parteivorsitzender. Ich verspreche ihm, vor Montag keine öffentlichen Erklärungen abzugeben, lehne aber seinen Vorschlag ab, in der nächsten Woche noch im Amt zu bleiben, das Gefecht mit Stoltenberg in der Haushaltsdebatte durchzustehen und dann am Freitag zurückzutreten. Ingrid ist empört über so viel Kaltschnäuzigkeit und Brutalität.

Am Sonnabendmorgen setze ich mich an meinen Schreibtisch. Ich nehme mir den Text meiner Haushaltsrede vor, um sie nach unseren Beschlüssen auf dem Parteitag noch einmal zu überarbeiten. Ich will, ich kann noch nicht akzeptieren, dass nun alles vorbei ist. Aber ich komme nicht voran. Es geht nicht. Ingrid will mich überzeugen, dass ich nun mit erhobenem Haupt gehen müsse. Ich schwanke, so wird auch sie unsicher. „Vogel wird dich am Sonntag anrufen und dir eine Brücke bauen", meint sie schließlich. Abends gehen wir in die

Komödie zur Premiere, Sonntagmorgen spazieren. Wir argumentieren im Kreis. Vogel ruft nicht an. Und so formuliere ich am Nachmittag meine Rücktrittserklärung und lege meine Rede beiseite, sie ist ja auch fertig. Ein anderer kann sie am Dienstag im Plenum als Antwort auf Stoltenberg vortragen.

Gegen halb neun ruft mich Helmut Schmidt an: „Hier ist Helmut Schmidt. Kann ich dir helfen?"

Wir reden, und er stellt fest: „Du hast dich entschieden. Lies mir mal deine Presseerklärung vor."

Dann empfiehlt er Korrekturen: „Du musst dich so verhalten, das du dich auch noch in fünf Jahren im Spiegel ansehen kannst."

Ob ich denn bereits jetzt schon ankündigen will, 1990 aus dem Bundestag auszuscheiden? Ingrid hilft mir. „Wenn du jetzt nicht gegenüber dieser Partei einen klaren Trennungsstrich ziehst, werden sie dich zu Corned beef verarbeiten."

Sie hat Recht. Das ist nicht mehr meine Partei. Und so beende ich auch öffentlich mein politisches Engagement und erkläre, bei den nächsten Bundestagswahlen 1990 nicht mehr für die SPD zu kandidieren, bleibe aber weiterhin bis heute zahlendes Mitglied der SPD.

1990 verlasse ich den Deutschen Bundestag. Bis zu diesem Zeitpunkt nehme ich meine Pflichten als MdB wahr, schreibe aber vor allem zwei Bücher, „Der Abstieg" und „Die deformierte Demokratie". Beide Bücher sind erfolgreich und bringen mir eine Reihe von Einladungen zu Lesungen und Vorträgen ein. Doch die Deutsche Einheit rettet mich. Insofern bin ich zwar wieder einmal „konsequent" gewesen, doch diesmal „nicht der Dumme". Denn die SPD war nicht mehr meine Partei. Und Talent zum Mitläufer hatte ich noch nie.

Eine Lehre aus meinem Leben ziehe ich: Heute ist Konsequenz im Handeln der Menschen aus der Mode gekommen.

Warum noch an den ursprünglichen Positionen festhalten? Da geht es nach dem Motto: „Was schert mich mein Geschwätz von gestern!" Auch wenn dabei die eigene Glaubwürdigkeit draufgeht. Besonders ausgeprägt ist diese Grundhaltung bei den Politikern heute. Mit einigen durchsichtigen Floskeln begleiten sie ihren Meinungswechsel und ihren neuen Kurs. Damit erschüttern sie ein unverzichtbares Fundament unserer repräsentativen Demokratie. Wenn wir den von uns Gewählten nicht mehr über den Weg trauen können, müssen wir uns zwangsläufig die Frage stellen, warum wir überhaupt noch wählen sollen? Konsequenz: Die Wahlbeteiligung fällt immer weiter auf neue Tiefstände. Die Mehrzahl der Politiker ist zu Zynikern geworden, keine gute Basis für unsere demokratische Zukunft.

Glücklich

Als unsere Heiligengeistgemeinde in Alt-Barmbek wieder Gottesdienste im wiederaufgebauten Gemeindesaal halten kann, gehen mein Vater und ich regelmäßig dort hin. Später ist auch die Kirche selbst wieder aufgebaut. In ihr werden wir getraut. Jetzt ist sie abgerissen, weil sie wegen des Mitgliederschwundes nicht mehr finanziert werden kann und auch nicht gebraucht wird. Wir versuchen im Jahre 2006 unter Einsatz unserer finanziellen Mittel, die herrlichen modernen Kirchenfenster zu retten für eine neue Verwendung in der Lausitz, in Guben. Ohne Erfolg.

Ein Freund schleppt mich 1949 mit zum Jugendbund der Gemeinde. Wir haben „viele hübsche Mädchen". Das zieht. Denn nun bin ich so weit. Eine entsprechende Idee meines Vaters zwei Jahre zuvor war im Sand verlaufen. Meine Mutter hatte vor ihrem Tode im Herbst 1946 im Krankenhaus eine Bauersfrau aus der Lüneburger Heide, ihre Bettnachbarin, kennengelernt. Sie schreibt meiner Mutter nach ihrem Tode. Wir informieren sie. Doch sie laden uns trotzdem ein.

Die Garderobe meiner Mutter tauschen wir schrittweise gegen Nahrungsmittel, vor allem Kartoffeln ein. Der Bauer und mein Vater sprechen über die Zukunft. Ich soll nach dem Abitur Dorfschullehrer werden und seine einzige Tochter heiraten. Wir beide sind 16 Jahre alt und knutschen rum. Zu mehr kommt es nicht. Mir fehlt der Mut zu mehr. Abends auf dem Wege nach Winsen/Luhe zum Bahnhof fragt mich mein Vater: „Junge, warum gehst du so komisch?"

Ich schiebe das auf unsere Last, bepackt vor allem mit Kartoffeln. Ich kann ihm doch nicht sagen, dass ich stundenlang einen „Steifen" hatte und sich nun während der sieben Kilometer Fußmarsch zum Bahnhof der schmerzhafte Krampf nur langsam löst.

Im Jugendbund der Gemeinde Alt-Barmbek lerne ich Ingrid Schwingel kennen. Pfingsten 1950 gehen wir zum ersten Mal spazieren. Ich kann mich daran nur deshalb erinnern, weil mich meine Frau regelmäßig darauf aufmerksam macht. Ich bin in der Oberschule Uhlenhorst-Barmbek in der letzten Klasse vor dem Abitur. Sie besucht als 16-Jährige nach der bestandenen „Mittleren Reife" die Höhere Handelsschule. Geld haben wir nicht und naiv sind wir beide ohne Ende. Wenn wir nicht durch den Hamburger Stadtpark laufen oder eine kostenlose kirchliche Veranstaltung besuchen, sitzen wir auf einer Parkbank im Barmbeker Schleidenpark. Abends ist es dort stockduster, denn alle Wohnhäuser rundherum wurden 1943 zerstört. Der Wiederaufbau beginnt erst einige Jahre später. Um 22.00 Uhr müssen wir beiden Einzelkinder zu Hause sein. Dort warten mein verwitweter Vater und die Kriegerwitwe Sophie Schwingel auf uns. Ich finde ihre Einsamkeit ohne uns traurig. So bringen wir sie zusammen. Ein Jahr vor uns heiraten sie.

Wir reden viel, genauer gesagt, ich. Ingrid ist schweigsam Es bleibt bei harmlosen Küssereien und Geschmuse. Natürlich regt sich bei uns beiden unsere Sexualität. Doch im Gegensatz zu heute reden wir nicht darüber. Für die Jungen, für unsere Töchter, waren wir verklemmt und nicht aufgeklärt. Aufgeklärt waren wir sehr wohl. Natürlich wissen wir, wie es geht. Doch über unserer Sexualität liegt ein Schleier geheimnisvoller Sehnsucht, eine Erfüllung unserer Liebe. Damals ging es lange um sich kennenlernen, sich mögen, sich lieben, über eine gemeinsame Zukunft reden. Der heute mögliche „one night stand" war für uns außerhalb unserer Vorstellungswelt. Davon wussten wir nichts. Als FC St. Paulianer kannte ich natürlich die Herbertstraße. Da war so etwas für mich denkbar. Aber nur für „Tiere" unter den Menschen. Und so sind wir bis heute, wie manche meinen, „prüde" geblieben. Und das ist gut so.

Aber natürlich werde ich in den nächsten Monaten unserer Abende im dunklen Schleidenpark kühner und drängender. Ingrid spürt das und spricht darüber mit ihrer Mutter. Sie sagt ihr: „Wenn du das auf Dauer verweigerst, wird er dir weglaufen. Doch dann muss er dich auch später heiraten, weil du danach keine Jungfrau mehr bist und deshalb keinen anderen Mann finden wirst. Und er muss sich schützen."

Also ist es meine Aufgabe, Präservative zu kaufen. Das ist leichter gesagt als getan. Die Bonner CDU-Regierung hatte den Verkauf von Präservativen aus allgemein zugänglichen Automaten zur Hebung der Sittlichkeit verboten. Also muss ich es in Drogerien versuchen. Wenn mich eine Frau bedient, fehlt mir der Mut und ich kaufe eine Schachtel Salmiakpastillen. Manchmal habe ich davon drei Schachteln in meiner Hosentasche, ehe ich Erfolg habe. Auch das bremst unsere „Aktivitäten".

Nach der Heirat unserer Eltern wohnen wir gemeinsam in einer Mietwohnung in Alt-Barmbek, Sentastraße 44. Da wir nicht verheiratet sind, hat jeder sein eigenes Schlafzimmer. Doch über den Flur zu schleichen, ist kein Problem. In unregelmäßigen Abständen berichtet die Bild-Zeitung darüber, dass solche und ähnliche Situationen nach dem „Kuppeleiparagrafen" verfolgt und bestraft würden. Davor hat mein Vater Angst. Also heiraten wir im August 1956. Der Student Hans Apel heiratet die Stenotypistin Ingrid Schwingel. Später behaupte ich, Ingrid sei mein „Bafög" gewesen. Doch das stimmt nicht. Schließlich bin ich bezahlter Landesgeschäftsführer der Hamburger Jungsozialisten. Doch diesen Job kann ich nur dank der Mitarbeit meiner Frau bewältigen, denn alle Schreibarbeiten erledigt sie.

Unsere Ehe macht mich zum Frühaufsteher. Meine Frau muss um 6.00 Uhr aufstehen. Um 7.30 Uhr beginnt ihre Arbeit bei der Eigenhilfe-Sachversicherung in der Steinstraße. Flexible Arbeitszeiten kennen wir noch nicht. Und da kann ich doch nicht im Bett liegenbleiben. Ich begleite sie zu ihrer Arbeit. Wenn ich um 8.00 Uhr im Seminar für Volkswirtschaftslehre aufkreuze, haben dort die Putzfrauen ihre Arbeit noch nicht beendet. Doch ich beginne allein auf weiter Flur meine Seminararbeiten. Nach sechs Semestern Mindeststudienzeit mache ich 1957 mein Examen. Note gut. Prof. Ortlieb bietet mir ein Promotionsthema an und die Friedrich-Ebert-Stiftung gewährt mir ein „Hochbegabten-Stipendium". Ich beginne mit meiner Doktorarbeit.

Ich stelle mir manchmal vor, ich hätte eine dieser „Uni-Intellektuellinnen" geheiratet. Meine Freundin und Frau war und ist zurückhaltend. Sie lässt mich verbal davongaloppieren, bis ich mich selbst dank ihrer Mithilfe einfange. Und dann wird es meistens gut. Einen längeren Krach hat es bei uns nicht gegeben. Oft gaben die Kinder allerdings den Anlass, uns zu streiten. Und den ersten Schritt zum Friedensschluss muss ich sowieso machen. Sie hat mir meine Doktorarbeit und später meine Bücher und Aufsätze geschrieben, nachdem ich nichts mehr war. Ihr Beruf war keine Berufung für sie. Sie war froh, als sie aufhören konnte. Doch für mich und meine Arbeiten ist ihr erlernter Beruf wichtig.

Wenn mich die Emanzen in der SPD nach der Gleichberechtigung meiner Frau in unserer Ehe befragten, sagte ich ihnen: „Als Politiker entscheide ich mit anderen zusammen über den Beitritt Rotchinas zur Uno. Alle anderen zweitrangigen Fragen entscheidet meine Frau."

Das ist mehr als ein Witz. So war es eigentlich immer.

Der Hamburger SPD-MdB und Vizepräsident des Europäischen Parlaments Helmut Kalbitzer sagt mir 1958, dass die Sozialistische Fraktion des Europäischen Parlaments einen deutschen Sekretär suche. Das wäre doch etwas für mich. Ich will nicht, denn es geht mir doch gut mit meinem Stipendium.

Ich will promovieren. Als Ingrid aber erfährt, dass wir dort eine eigene Wohnung bekämen und ein ansehnliches Gehalt, ist die Entscheidung gefallen. „Ich will endlich meinen eigenen Haushalt haben. Vor allem will ich brüten."

So kommt es dann auch. Unsere Töchter Ingrid und Hanne kommen in Luxemburg, dem Sitz des Europäischen Parlaments, zur Welt.

Wir gehen in Luxemburg auf Wohnungssuche. Der Zweite Weltkrieg ist erst seit 13 Jahren vorbei. Die Vorbehalte gegen die Deutschen sind beachtlich. Schließlich haben wir Erfolg. Die Vermieterin erklärt: „Nun gut. Ich vermiete Ihnen die Wohnung, weil ich weiß, dass die deutschen Hausfrauen so sauber sind."

Es gelingt uns in den nächsten Jahren nicht, mit den Einheimischen warm zu werden. Das „gesellschaftliche Leben" dreht sich im Kreise mit den deutschen Arbeitskollegen des Europäischen Parlaments. Während meiner oft langen Dienstreisen, insbesondere meines dreimonatigen Aufenthalts in Indien für die Sozialistische Internationale, fliegt Ingrid mit ihrem Kind, später mit zwei Kindern zu unseren Eltern nach Hamburg. Da ist sie glücklich.

Im Oktober 1962 geht sie zum Einkaufen zur Cooperative des Cheminots. Dort sind wir als „klassenbewusste Sozialisten" Mitglied. Die Kubakrise beherrscht alle Schlagzeilen. Dort sagt ihr die Verkäuferin: „Es kann Krieg kommen. An Ausländer verkaufen wir nicht."

Ingrid hat Angst um ihre „Brut". Sie will weg, nach Hause. Und darin sind wir uns einig. Erst im Oktober 1965, nach meiner Wahl in den Deutschen Bundestag, ziehen wir um in unser neues Reihenhaus nach Hamburg-Volksdorf, das meine Frau ganz allein ohne meine Mitwirkung ausgesucht hat. Das Luxemburger Wort berichtet: „Ein Luxemburger ist in den Deutschen Bundestag gewählt worden."

Eigentlich wollte ich keine Kinder. Aber die Pille gibt es noch nicht. Und so kommt im Juni 1960 unsere Ingrid zur Welt. Das verändert meine Haltung. Außerdem habe ich in diesen Jahren als Beamter des Europäischen Parlaments in Luxemburg viel Zeit und kann die Entfaltung dieses kleinen Wesens mit Staunen und Stolz erleben. Nun will ich ein zweites Kind. Doch trotz fleißigen Bemühens klappt es nicht. Schließlich stellen wir fest, dass meine Frau nur für eine sehr kurze Zeitspanne fruchtbar ist. Also Temperatur messen, im Büro anrufen, komm sofort nach Hause. Es ist soweit. Wir wünschen uns einen Jungen. Einen Hans. Im Juni 1964 kommt das Mädchen Hanne zur Welt.

Im Oktober 1965 sind wir wieder zuhause in Hamburg. Ein Besucher spricht mit mir. „Herr Doktor" und wieder „Herr Doktor". Das hatte unsere Ingrid noch nie gehört, denn in Luxemburg hieß es: „Monsieur Apel."

Sie zupft an meiner Jacke und fragt mich: „Papa, bist du Zahnarzt?"

Schnell hatte sie in Hamburg auf der Straße gelernt, dass garstige Kinder als Zicke bezeichnet werden. Ich nehme sie mit ins Parteihaus zu einem Gespräch mit unserem Parteivorsitzenden Karl Vittinghoff. Ingrid sitzt daneben und malt. Wir beide erregen uns über die CDU. „Die CDU lügt, ... die CDU spielt falsch."

Plötzlich meine Tochter: „Papa, warum heißt die Zicke U?"

Zunehmend bindet mich der Bonner Stress. Zuhause wird von Mama befohlen: Kein Streit am Wochenende, wenn Papa da ist. Und so wird mir mehr oder weniger eine heile Welt vorgeführt. Ich bin stolz auf meine beiden Töchter. Doch an ihrer Erziehung und der Lösung ihrer Probleme bin ich immer weniger beteiligt. Sie leiden unter dem Beruf ihres Vaters, dem Verteidigungsminister. Als ich 1990 aus der Politik aussteige, ist Ingrid 30 Jahre alt, nicht mehr zu Hause, im Beruf und verheiratet. Hanne 26 und Mutters Kind geworden.

Bereits als Abgeordneter bin ich viele Wochen im Jahr von montags bis freitags in Bonn. Doch meine Frau hat damit weniger Probleme als in Luxemburg. Ihre Mutter wohnt nach dem Tode meines Vaters im Jahre 1965 bei uns. Über die Woche suchen viele Kontakt zu mir und rufen zu Hause an. Normalerweise ist unsere Mutter als Erste am Telefon. Und sie meldet sich mit „Apel". „Mein Sohn ist aber in Bonn, ich rufe meine Schwiegertochter."

Meine Frau ist empört: „Meine Mutter verleugnet mich!"

„Unsinn", sage ich. „Soll sie jeden Anrufer erst einmal erklären, dass sie meinen Vater geheiratet hat und deshalb Apel heißt. Dass du seinen Sohn geheiratest hast und deshalb auch Apel heißt, um danach zu sagen: Ich gebe Ihnen meine Tochter?"

Für mich ist mein neues Leben in Bonn mehr als gewöhnungsbedürftig. Man weist mir zusammen mit einem anderen MdB ein gemeinsames, kleines Büro zu. Jeder hat seinen Schreibtisch und einen „Spind". Eine Sekretärin haben wir nicht. Die Fraktionsoberen haben es wesentlich besser; eigene Sekretärinnen, Assistenten und den Zugriff auf die Mitarbeiter der Fraktion. Die MdB, die gleichzeitig für Verbände wie Gewerkschaften oder Arbeitgeberverbände tätig sind, verfügen über entsprechende Kapazitäten an Mitarbeitern außerhalb des Parlaments. Dagegen mache ich mobil mit dem Slogan: „Kampf der Dreiklassengesellschaft im Deutschen Bundestag. Für eine Gleichstellung aller MdB."

Ich werde zum Parlamentsreformer in einer entsprechenden Arbeitsgruppe des Bundestagspräsidenten Kai-Uwe von Hassel. Ich vertrete die SPD. Wenn ich mir heute allerdings die weit übertriebene Ausstattung der MdB mit Personal,

Sachmitteln, Gehalt und Pension anschaue, muss ich eine meiner damaligen Grundüberzeugungen korrigieren: Nichts hat sich verändert. Die Qualität und die politische Wirksamkeit der einzelnen MdB hängt weiterhin nicht von ihrer materiellen und finanziellen Ausstattung ab, sondern von ihrem persönlichen Einsatz und ihrem politischen Verstand.

Ingrid und mich stört es nicht, dass unser monatliches Einkommen von DM 5.000,- steuerfrei in Luxemburg auf etwa DM 2.000,- monatliche Diäten fällt und wir nun keine Absicherung gegen die Risiken Krankheit und Tod haben. Sie müssen wir zusätzlich absichern. Auch jetzt haben wir wie stets in unserer Ehe mehr Geld zur Verfügung, als wir brauchen. Aber Langeweile treibt mich häufig in Bonn um wie vorher in Luxemburg.

Im Januar 1966 soll der Bundestag die verfahrene Europapolitik debattieren. Gelangweilt sitze ich in der Fraktion, als Herbert Wehner sagt: „In dieser Debatte muss der Genosse Apel reden. Er muss entjungfert werden."

Ich bekomme einen Mordsschreck und mache mich an die Arbeit. Der Text bereitet mir keine Mühe, aber wie soll ich ihn bloß im Plenum vortragen? So lerne ich meine Rede auswendig. Auf dem Weg zu meiner Bonner Wohnung, die ich mit Alwin Brück teile, gehe ich abends im Stockdunkeln die Eisenbahnlinie Bonn-Bad Godesberg entlang und brülle in die Dunkelheit hinein: „Herr Präsident, meine Damen und Herren ..."

Bundestagspräsident Gerstenmaier kommentiert meine Rede: „Herr Kollege Dr. Apel, ich möchte Sie ermutigen, bei Ihrem Stil zu bleiben, ohne Zettel und ohne vorher sorgfältig redigierte spontane Rede hier zu erscheinen. Das ist das Idealbild für dieses Haus ... Vielleicht können die Älteren dabei etwas lernen, auch wenn sie schon lange hier sitzen."

Wenn der wüsste!

1969 machen Ingrid und ich zusammen mit vielen Genossen einen tollen Wahlkampf. Unsere Leistungen in der Großen Koalition und unsere Spitzenpolitiker geben uns den nötigen Schwung. Wir montieren fünftausend rote Kochlöffel auf fünftausend Kartons, die von meinen „Heldentaten" für den Wahlkreis Kenntnis geben unter dem Motto: „Sie lassen doch nichts anbrennen? Ich auch nicht!"

Ich schildere meinen Einsatz für die Mieter, meine Erfolge im Kampf gegen den Fluglärm am Flughafen Hamburg-Fuhlsbüttel, die Beschaffung eines bundeseigenen Grundstücks für einen Kinderspielplatz …

Jeden Morgen schleppt ein Lkw ein Orchestrion in eine andere Wohngegend meines Wahlkreises, das vor Ort „Musike" macht. Da steht nun dieses mechanische Musikinstrument, groß wie ein Schrank auf vier Rädern in der Jarresstadt, in Fuhlsbüttel oder in Eppendorf, und imitiert mit seinen vielen Orgelpfeifen den Klang von Blas- und Streichinstrumenten, dazu Trommelklang und Paukenschlag. Ein hölzerner Kapellmeister dirigiert. Wie auf dem Hamburger Dom.

Da öffnen sich die Fenster. Hausfrauen werfen in Papier eingewickelte Münzen herab, wie das bei Straßenmusik üblich ist. Doch wir laufen von Tür zu Tür und verteilen unsere Kochlöffel. Das Wetter ist schön, wir sind jung und fröhlich. Und der Erfolg gibt uns recht. Noch viele Jahre später finden wir diese Kochlöffel samt Kartons in den Partykellern im Wahlkreis Hamburg-Nord wieder.

Wir beide machen in allen künftigen Wahlkämpfen rund 10.000 Hausbesuche. Das letzte Mal im Jahre 1986. Für mich ist es ziemlich einfach. Anklingeln, wenn keiner kommt, geht das Werbematerial in den Briefkasten. Ansonsten meinen Spruch aufsagen: „Guten Tag, ich bin Hans Apel, Ihr Bundestagsabgeordneter. Falls Sie Fragen haben, stehe ich Ihnen gern zur Verfügung. Aber Sie können mich auch anrufen."

Dann Material überreichen plus SPD-Kugelschreiber. „Auf Wiedersehen." Tür zu.

Meine Frau hat es viel schwerer. „Guten Tag, mein Name ist Ingrid Apel. Ich bin die Frau Ihres Bundestagsabgeordneten Hans Apel. Er macht in Ihrem (Miets-)Haus auch Hausbesuche. Wenn Sie Fragen haben sollten, rufe ich ihn her."

Ingrid hat ohne Murren mitgemacht. Allerdings nur mit viel Überwindung und großen Hemmungen.

Das „Klima", das uns bei diesen Besuchen durch die offenen Haustüren entgegen strömt, entspricht ziemlich genau der jeweiligen Sympathie der Wähler für die SPD. Und so sind es auch die Ergebnisse dieser Hausbesuche. Ich vergleiche die durch Hausbesuche betreuten Stimmbezirke mit vergleichbaren Bezirken ohne Hausbesuche. 1969 kommen wir zu einem positiven Trend. 1986 war diese Anstrengung vergeblich. Und die Genossen waren auch nicht mehr bereit, Ingrid und mich zu begleiten. Jeden Morgen müssen wir uns einen Ruck geben, um uns auf den Weg zu machen.

Nach der Bundestagswahl vom September 1969 bilden wir die erste sozial-liberale Koalition. Noch mehr Genossen verlassen die Fraktion und rücken in die Bundesregierung ein. Da ist es kein Wunder, dass ich am 11. November zu einem der fünf stellvertretenden Fraktionsvorsitzenden gewählt werde. Das ist kein einfaches Amt. Denn im Kreise von Herbert Wehner, Ernst Schellenberg, Martin Hirsch, Hans-Jürgen Junghans und Fritz Schäfer bin ich nicht nur ein politisches Greenhorn, auch mein Temperament und Ungestüm missfällt den Alten immer wieder. Ich sitze im Plenum neben Herbert Wehner in der ersten Reihe. Wenn ich bei verbalen Attacken der Opposition ungeduldig werde, faucht er mich an: „Kannst du schon wieder das Wasser nicht halten?"

Oder: „Musst du schon wieder mit den Hufen scharren?"

Außerdem bin ich Vorsitzender des Verkehrs- und Postausschusses des Bundestags. Holger Börner als Parlamentarischer Staatssekretär und ich arbeiten nahtlos zusammen. Wir können manche Forderung von Minister Leber so verändern, dass es keinen allzu großen Ärger gibt.

Meine Frau tritt mir zuliebe in die SPD ein. Denn sie selbst hat Probleme mit dieser Partei. Sie wird in Hamburg-Volksdorf, unserem Wohnort außerhalb meines Wahlkreises, als Schriftführerin in den Vorstand des Ortsvereins gewählt. Diesen Job will keiner haben. Er macht nämlich Arbeit. Später, als sich die Volksdorfer Genossen als Linke gerieren, bereden sie während der offiziellen Vorstandssitzungen nur Belangloses. Danach treffen sie sich anderswo ohne meine Frau. Denn sie sei ja „eine Spionin des Rechten Hans Apel".

Als Lafontaine Parteivorsitzender wird, tritt Ingrid aus der Partei aus. Etwa zwei Jahre später kommt es zu einem typischen Telefonat: „Hans, ich bin der Kassierer der SPD Volksdorf. Ingrid ist mit ihren Parteibeiträgen im Rückstand. Wann kann ich vorbeikommen, um zu kassieren?"

Meine Antwort: „Ingrid ist ausgetreten".

„Danke, dass du mir das sagst. So kann ich Ingrid streichen, tschüs!"

Bei diesem „Tschüs" bleibt es. Hunderttausende verlassen die SPD, ob mit einem Tschüs oder einem anderen „Abschiedsgruß" verabschiedet, weiß ich nicht.

Als stellvertretender Fraktionsvorsitzender nehmen meine bundesweiten Redeverpflichtungen zu. Helmut Schmidt bittet mich, in seinem Wahlkreis Hamburg-Bergedorf zu reden. Dort hatte sich eine Gruppe junger Leute um einen Lehrer gebildet, eine Art Vorläufer der APO. Als ich zusammen mit meiner Frau rechtzeitig erscheine, ist der Saal bereits fest in der Hand dieser Gruppe. Die Genossen können damit nicht umgehen. Die Polizei wollen sie auch nicht rufen. Ich reiße den jungen Leuten ihre Flugblätter aus der Hand und werfe sie paketeweise in den Ascheimer. Da wollen sie mir an die Kleider. Ingrid tritt dazwischen. Sie hat einen ihrer Pumps mit einem Pfennigabsatz in der Hand: „Wer meinen Mann anfasst, dem schlage ich diesen Pfennigabsatz in sein Gehirn."

Da wird es sehr ruhig in der Runde. Und wir können unsere Versammlung einigermaßen gelassen und ohne größere Störungen zu Ende bringen.

Später haben wir unsere Bewacher vom BKA und vom Bundesgrenzschutz. Unser Verhältnis zu ihnen ist so gut und herzlich, dass sie sich heute immer noch bei uns melden oder zu Weihnachten schreiben. Sie sind damals Teil unserer Familie, für Ingrid so etwas wie erwachsene Söhne. Wir haben mit ihnen keine Probleme und sie mit uns auch nicht. Auf dem Höhepunkt der Krise komme ich aus einer Fraktionssitzung. Dort warten meine Polizisten auf mich. Ein Journalist fragt Herbert Wehner: „Herr Wehner, wer bewacht denn Sie?"

Er verweist auf seine Stieftochter Grete. „Ich habe doch die da!"

Sollen wir nach Bonn umziehen nach meinem Einzug in das Kabinett Helmut Schmidt? Ingrid ist entschieden dagegen. Sie liebt unser Hamburg. Und: „Ich will nicht, dass unsere Kinder in dieser künstlichen Atmosphäre aufwachsen. Und was machen wir, wenn du dein Ministeramt loswirst? Ziehen wir dann wieder nach Hamburg zurück?"

Und sie hat Recht. In Hamburg werden die Kinder ganz normal groß. Das Bonner Amt spielt für ihre Freunde keine Rolle. Nur selten schwappt der Bonner Streit über, erst am Ende unserer Regierungsarbeit. Eine Gruppe von etwa dreißig meist jugendlichen Demonstranten steht vor unserem Haus und skandiert Antikriegsslogans. Hanne steht im 1. Stock und streckt ihnen die Zunge raus. Nach dem Verlust unserer Regierungsverantwortung kommt sie weinend aus der Schule. Einer ihrer Lehrer fällt mit Häme über sie her. „Nun ist dein Vater endlich arbeitslos!"

Ihre Mutter muss sie trösten.

Der Hass, der mir immer stärker entgegenschlägt, macht nicht vor den Kindern halt. Unsere Tochter Ingrid, die in Bonn studiert, meldet sich bei den Bonner Jungsozialisten zur aktiven Mitarbeit an. Vor ihrer Aufnahme wird ihr schriftlich die Frage vorgelegt, ob sie etwa mit mir verwandt sei. Das ist Sippenhaft in der SPD. Monate später, bereits im Jahre 1982, bittet meine Tochter Hanne – auch für ihre Mitschülerinnen – eine Lehrerin, eine Klassenarbeit zu verschieben. Antwort: „Hanne, du kannst überhaupt nichts erbitten. Dein Vater tritt schließlich für den Nato-Doppelbeschluss ein."

Eine Beschwerde beim Hamburger Schulsenator verläuft im Sande. Da ist es nicht verwunderlich, dass meine Tochter Ingrid wieder aus der SPD austritt, Hanne diesen Schritt erst gar nicht geht.

Meine Frau und ich hatten zu keiner Zeit Pläne gemacht, was unsere Kinder später machen sollten. Auch ihre manchmal bescheidenen Leistungen im Gymnasium haben uns nur in Grenzen geärgert. Ich habe beide Töchter damit aufgezogen, dass ihre Abiturzeugnisse kaum mehr sind als die „Teilnahmebescheinigungen für die reformierte Oberstufe". Für die Älteste hatte ich eine Banklehre vorgesehen, um dann zu sehen, ob und was sie hinterher studieren würde. Sie aber will Landwirtschaft studieren. Ich überzeuge sie davon, vorher eine Landwirtschaftslehre zu machen. Das tut sie ohne Murren. Nach dem Studium schwirrt sie ab in den Journalismus. Später sagt sie mir, ich hätte für sie auf der Banklehre bestehen müssen. Als wenn sie sich damals meinen Wünschen gefügt hätte!

Hanne will Logopädin werden. Die Ausbildungsplätze sind begehrt. Ich nutze meine Beziehungen zu den Alster-

dorfer Anstalten, heute „Evangelische Stiftung Alsterdorf".
Dort werden Logopäden ausgebildet. Hanne wird genommen. Sie wird Jahrgangsbeste. Das beruhigt mein schlechtes
Gewissen. Sie beginnt bei der AWO in Elmshorn mit einem
deutlich niedrigeren Gehalt als ihre männlichen Kollegen. So
sieht die Realität zwischen linkem Getue und der Realität aus.
Ich schreibe ihnen und sie müssen sich korrigieren. Ihr Ärger
schlägt meiner Tochter noch viele Jahre entgegen. Doch in ihrem Beruf ist sie unbestreitbar gut.

Wir versuchen gar nicht erst, auf die Partnerwahl unserer
Töchter Einfluss zu nehmen. Außerdem haben sich seit den
fünfziger Jahren die vorehelichen Beziehungen drastisch geändert. Wir lebten noch in der vorgegebenen Tradition ver-
gangener Jahrhunderte christlicher Prägung, die auch die kir-
chenfremde Arbeiterschaft bestimmte. Heute ist davon nichts
nachgeblieben. Das müssen wir auch bei unseren Töchtern
zur Kenntnis nehmen.

Wir sind mit der Partnerwahl unserer Kinder zufrieden.
Doch für Fußball interessiert sich keiner von beiden Schwie-
gersöhnen. Da beschert mir eine unserer Enkelinnen, unsere
Clara, eine große Überraschung und Freude. Mit 5 ½ Jahren
beschließt sie ohne Einflüsse Dritter, im Bergstedter SV Fußball zu spielen. Sie spielen noch mit den Jungs zusammen. Ich
bin dabei, auch um zu trösten. „Opa, ich möchte auch mal
gewinnen."

Unser Leben hat sich in seinem äußeren Rahmen seit unserer Rückkehr aus Luxemburg bis heute nicht verändert. Wir
bauen uns kein neues, teures Haus. Wir bleiben in unserem
Reihenhaus wohnen. Unsere Kleidung wird nicht teurer, wir
kaufen kein neues Auto, unser Segelboot wird nicht größer.
Wir sparen, ohne es eigentlich zu wollen. Da bleibt einfach
Geld übrig. Wir haben keine Putzfrau, keinen Gärtner. Das
machen wir alles selbst; für den Garten und die Kellerräume

bin ich zuständig. Wir sind in unserer Liebe wie unserem Lebenszuschnitt von niemandem abhängig. Wir leben, wie wir wollen, lassen uns nicht fremdbestimmen, auch nicht durch die Hardthöhe.

Fast eine Woche ist die britische Königin im Frühling 1978 in der Bundesrepublik zu Gast. Aus diesem Anlass flattern mir in Bonn Essenseinladungen auf den Tisch. Ich drücke mich und finde Ausreden, warum es nicht geht, denn ich kann derartigen Veranstaltungen keinen Geschmack abgewinnen. Doch nach Bremerhaven zum Dinner auf die Yacht „Britannia" fahren wir. Ingrid sieht in ihrem hellblauen Abendkleid wunderschön aus. Und schon macht mir der Abend auch Spaß. Mit der Königin kommen wir ins Gespräch. Eine kluge Frau. Ihre Bewertung der Politik von Präsident Carter könnte von unserem Bundeskanzler sein. Nur ist sie nicht verletzend, sondern witzig und führt das Gespräch mit leichter Hand. Auch deshalb ist dieser lange Abend angenehm, eine Ausnahme.

Wenn ich meiner Frau heute sage, wie gut sie aussieht, sagt sie „il blindo" zu mir. So haben sie mich oft beim Fußballspielen genannt, weil ich wie ein Blinder nicht sah, dass es besser wäre abzuspielen, als den Ball im Alleingang zu verdatteln. Oder sie sagt: „Von hinten Lyzeum (wegen ihrer Klassefigur), von vorne Museum." Denn ihre Lebensjahre zeigen sich eben doch, auch wenn sie viel jünger aussieht. Doch das will sie auch nicht hören. Für mich hat sich in den Jahrzehnten nichts verändert. Ihr zart-bitterer Charme ist geblieben. Und sie riecht am Hals immer noch so gut nach Bleistift.

Für uns beide ist unser Jahr in Berlin vom Frühjahr 1984 bis zum März 1985 die schwierigste Zeit in unserem Leben. Ich hatte den Abgang der SPD in die Bonner Opposition einigermaßen gut überstanden als nun stellvertretender Fraktions-vorsitzender und ihr finanzpolitischer Sprecher. In Berlin tritt Harry Ristock Anfang März 1984 als Spitzenkandidat der SPD und damit als Anwärter auf den Posten des Regierenden Bürgermeisters zurück. Nun ist Holland in Not und hektisch wird nach einem Nachfolger gesucht. Die Rechten und die Mitte wollen mich haben. Ich fühle mich geschmeichelt. Meine Eitelkeit lässt mich meine grausamen Erfahrungen mit den Linken und den Opportunisten in der SPD vergessen, obwohl sie keine 24 Monate zurückliegen. Und schwupps, lasse ich mich shanghaien.

Viele reden mir zu. Helmut Schmidt: „Du musst das machen. Du schaffst es."

So reden sie fast alle. Von Willy Brandt kein Wort. Nur Nils Diederich warnt mich: „Die Linken stehen schon auf den Barrikaden." Ihre Parole: „Nato-Apel-No!"

Auch Ingrid will nicht nach Berlin. „Unsere Tochter Hanne braucht mich noch."

Doch als dann nichts mehr zu ändern ist, steht sie mir unerschrocken und ohne Wenn und Aber zur Seite. Wir beziehen in Berlin eine möblierte Wohnung.

Der Honeymoon mit der Stadt und der SPD ist schnell vorbei. Sehr bald wird uns beiden klar, dass wir in Berlin auf verlorenem Posten stehen. Die SPD wird immer unwilliger, je deutlicher sie merkt, dass es auch mit mir nicht klappen wird. Eberhard Diepgen, der amtierende Regierende Bürgermeister, ist ein Berliner Junge. Er hat seinen Amtsbonus. Er hat den Resonanzboden des Berliner Abgeordnetenhauses. Helmut Kohl gibt ihm aus Bonn politischen Rückenwind. Vor allem aber hat er die uneingeschränkte Unterstützung der übermächtigen Springerpresse.

Ich dagegen bin ein Zugereister. Wenn ich öffentlich von Köm spreche, werde ich in den Zeitungen darauf hingewiesen, dass es in Berlin Korn heiße. Und Rundstücke sind dort Schrippen. Das ist echtes Weltstadtniveau, das uns in Berlin entgegenschlägt. Dazu die Ablehnung der Linken in der SPD und ihrer Feministinnen. Ich solle endlich aufhören, über meine glückliche Ehe zu schwätzen. ...

Doch wir beide machen unbeirrt weiter und lassen uns nichts anmerken. Und ich mache kapitale politische Fehler. So in einem Radiointerview, in dem ich die deutsche Frage für nicht mehr offen halte. Mühsam muss ich zurückrudern. Einige Jahre später kommt es zur Wiedervereinigung. In der Presse wird die Berliner Partei so dargestellt, wie sie ist, wie sie mich unsolidarisch im Regen stehen lässt. Mein Fett bekomme ich auch ab, schließlich bin ich der Spitzenkandidat, stehe und falle mit dem Ansehen der Partei. Auch deshalb schweige ich eisern. Natürlich hat das alles Konsequenzen, abends sitzen meine Frau und ich in unserer Wohnung in der Handjerystraße in Friedenau. Nur dreimal werde ich in meiner Berliner Zeit privat eingeladen. Trotz Schlaftabletten kann ich kaum richtig schlafen. Und so sitzen wir oft nachts um vier in unserer Wohnküche, trinken ein Bier und versuchen uns zu trösten. Es ist ja nicht mehr lange...

Wenn wir mal nicht alleine sind, ist es auch nicht besser. Für Sonntagabend, 21. Oktober, lädt Lothar Löffler einige rechte Genossen ein. Kreisvorsitzende von Tiergarten, Wedding, Reinickendorf, Neukölln. Die üblichen Vorwürfe: Zu wenig Termine, bürokratischer Wahlkampf, keine Ausstrahlung auf die Wähler ... Die Wahlkampfmannschaft tauge nichts ... Wir gehen und sind wieder allein in unserer Wohnung. Wir fühlen uns elend und kommen lange nicht zur Ruhe.

Doch am nächsten Tag stehen wir auf und machen weiter. Jeden Tag 14 bis 16 Stunden von Termin zu Termin. Man ist freundlich zu mir. Und ich gebe mir auch viel Mühe. Ich unterdrücke jede Unmutsäußerung über die glorreiche Partei.

Wenn sie mir erzählen wollen, wie andere über mich reden, verbiete ich den Genossen den Mund. An einem Mittwoch im Oktober 1984 stehe ich um 8.00 Uhr morgens fröstelnd auf dem Winterfeld-Wochenmarkt in Schöneberg, um mit den Händlern über die Zukunft ihres Marktes zu sprechen. Otto Edel, der Kreisvorsitzende der SPD-Schöneberg, und seine Mannen rennen mit mir rum. Mir ist nicht so ganz klar, was ich da eigentlich soll. Um 15.30 Uhr spreche ich im Wedding vor gut fünfzig Polizeioffizieren über Probleme der inneren Sicherheit. Meine Position ist eindeutig. Dennoch läuft es nicht besonders. Vielleicht glaubt man mir, aber der Berliner SPD glaubt man nicht.

Und dann der Gipfel: Man hält mir ein Flugblatt unter die Nase, in dem zu einer Anti-Reagan-Demonstration am Vorabend der amerikanischen Präsidentschaftswahlen aufgerufen wird mit hasserfüllten Tiraden gegen die USA. Alle Chaoten haben unterschrieben und dazu die Kommunisten, die SEW, die Al, Otto Edel für den SPD-Kreis Schöneberg, die SPD in Zehlendorf und natürlich die Jusos. So will man also mit mir umspringen. Für Marktbesuche bin ich gut genug, ansonsten Sabotage. Da gibt es nur eins: dagegen halten. Das Presseecho ist katastrophal. Springer und seine bundesweiten Hilfstruppen mischen kräftig mit. Je nach politischem Wellenschlag bin ich ein „Held" oder aber ein Verrückter, der einem desolaten Haufen zum Sieg verhelfen will und deshalb lieber „die Segel streichen" sollte.

Doch wir machen weiter. Schließlich sind wir gute Lutheraner. Er soll gesagt haben: „Und wenn ich wüsste, dass morgen die Welt unterginge, würde ich heute noch ein Apfelbäumchen pflanzen."

Doch so schlimm ist es ja nicht. Am 10. März 1985 sind die Wahlen und wir verlieren sie. Am Wahlabend telefoniere ich mit Willy Brandt. Er bittet mich, erst dann vor die Berliner

Kameras zutreten, wenn sich der bundesweite Jubel über Oskar Lafontaines Wahlsieg im Saarland genügend ausgebreitet habe. Und Brandt jubelt am Fernsehen kräftig mit, kein einziges Wort über Hans Apel. Ich gehe vor die Kameras. Ingrid und ich halten uns fest an der Hand. Böse und hämische Zurufe sollen uns treffen. Wir werden gestoßen und geschubst. Auch hier verstecken wir unsere Betroffenheit, unsere Trauer und unsere Liebe nicht.

Tage später weiß ich, dass diese Minuten viele Zuschauer so bewegt haben, dass der Neuanfang leichter wird. Am Montagmorgen teile ich dem Berliner Landesvorstand mit, dass wir nicht in Berlin bleiben werden. „So nimmst du unsere Wahlniederlage mit und wir können einen Neuanfang starten."

Ingrid ist glücklich. Sie kann wieder unseren ersten Wohnsitz in Hamburg anmelden. Doch ihre Verwundungen sitzen tief. Als eine Tanzkapelle den Marschfox „Das ist die Berliner Luft, Luft, Luft …" spielt, verlässt sie die Tanzfläche. „Nach dieser Melodie tanze ich nicht!"

Die Funktionäre der SPD Hamburg-Nord wollen nichts mehr von uns wissen. Ihre Parole: „Apel geht von Berlin nach Neapel", das heißt „Nee Apel", dich wollen wir nicht mehr. Doch Ingrid und ich können die Mitglieder im Wahlkreis mobilisieren und so meine Kandidatur für die Bundestagswahlen 1987 durchsetzen.

Im Herbst 1990 verlasse ich die aktive Politik. Die deutsche Einheit rettet mich. Ich hatte zwar in den letzten zwei Jahren meines Bonner Leerlaufs zwei ziemlich erfolgreiche Bücher geschrieben. Doch das ist keine Dauerbeschäftigung. Schließlich bin ich nicht die moderne Courths-Mahler. Und so bin ich froh, dass mich die Treuhand braucht. Noch wichtiger für uns beide ist aber unser Engagement an der Universität Rostock.

Auf Vermittlung von Peter Schulz erkläre ich mich bereit, in der wirtschaftswissenschaftlichen Fakultät mitzuarbeiten. Als ich mich Anfang 1991 vor Ort informiere, muss ich feststellen, dass es an allem fehlt. Und so beschließe ich zusammen mit Ingrid, ein Skriptum von 90 Schreibmaschinenseiten für meine Vorlesung „Finanzpolitik" zu verfassen. Herr Schmidt-Holz vom Stern stellt die nötigen Exemplare gebunden kostenlos her und uns zur Verfügung.

Am Mittwoch, 27. Februar, meine erste Vorlesung. Der Hörsaal ist überfüllt. Unsere Skripte gehen reißend weg. Wir müssen sie immer wieder „nachordern". Doch bevor ich anfange, werfe ich die Journalisten raus, die dieser Premiere unbedingt beiwohnen wollen. Uns beiden ist an diesem Tage nicht klar, dass dieses Engagement bis zum Sommersemester 2003 dauern wird. Die Rahmenbedingungen verbessern sich erst nach Jahren. Und die Empfindsamkeiten der Ossis sind enorm. Es missfällt dem Rektor der Uni, dass wir lauthals über unser Uni-Appartement klagen. Es gehört sich auch nicht, hörbar davor zu warnen, sich auf die unappetitlichen Unitoiletten zu setzen und zu sagen: „Da können einem von den Ratten wertvolle Körperteile abgebissen werden."

Nach einem Semester verlassen wir das Uni-Appartement und wohnen dann nur noch im Hotel. Für einige Jahre zahlt mir die Universität pro Semester einen Zuschuss zu meinen Kosten. Dann gibt es nichts mehr. Mich stört das nicht. Wir haben Geld genug. Und ich lerne nun, was „Honorar-Professor" heißt. Man muss ein Honorar dafür zahlen, dass man lehren darf. Und dazu bin ich gern bereit, weil mir die Rostocker Arbeit sehr viel Freude macht. Ohne Ingrid geht es auch hier nicht. Selbst meine Studenten fragen: „Wo ist denn heute Ihre Frau?"

Sie ist in jeder Vorlesung und jedem Seminar anwesend, spricht mit den Studenten über ihre Probleme und kritisiert mich hinterher vorsichtig, wenn ich zu schnell vorgegangen oder ungerecht war.

Es dauert Jahre, bis die ersten Westprofessoren kommen. Nicht immer die erste Wahl. So lange werden die ostdeutschen Lehrkräfte hingehalten, ob sie übernommen werden oder nicht. Sie werden einer doppelten Überprüfung unterworfen hinsichtlich ihrer wissenschaftlichen Qualifikation und ihrer politischen Vergangenheit. Da sitzen zweitklassige westdeutsche Professoren zu Gericht über ihre ostdeutschen Kollegen. Das ist mehr als problematisch und auch nicht immer fair. Doch ich kann nichts anderes tun als wirkungslose Briefe schreiben.

Es wird nach einigen Jahren für uns ruhiger in Rostock. Ich konzentriere mich auf die Europapolitik. Zweimal bettel ich genügend Geld zusammen, um mit meinen Studenten zur EU und zur Nato nach Brüssel zu fahren. Das bringt uns näher. Ich verstehe nun ihre Probleme und ihre Sorgen um ihre Zukunft. 2003 ist dann Schluss. Ich bin 71 Jahre alt. Da sind die gut bezahlten Wessiprofessoren schon seit vielen Jahren in ihrem nicht immer verdienten Ruhestand.

Wir hören auf ohne irgendein Dankeschön. Daran sind wir längst gewöhnt. Die Inhaber der volkswirtschaftlichen Lehrstühle sind „Beute-Wessis". In der alten Bundesrepublik wären sie so weit nicht gekommen. Sie leben weiter außerhalb Ostdeutschlands mit einer Deckadresse als erstem Wohnsitz in Rostock. So spät wie möglich treffen sie in Rostock ein, kommen ihren unumgänglichen Verpflichtungen nach und hauen anschließend so schnell wie möglich wieder ab. Da kann kein Korpsgeist entstehen und keine innere Bindung zu den Studenten und zur Universität. Jahre später spreche ich einen von ihnen über meinen „Abschied" von der Uni an. „Ach ja, das haben wir doch glatt vergessen. War das schlimm für Sie?"

„Nein", antworte ich. Es waren 13 gute Jahre. Wir haben viele wertvolle Erfahrungen gemacht und so manche Anerkennung der Studenten bekommen. Das ist Dank genug. Aber hier wird ein zentrales Problem der deutschen Einheit sichtbar. Schon damals gab es „Heuschrecken". Und sie kamen aus Westdeutschland.

Unsere Goldene Hochzeit feiern wir zusammen mit unseren Kindern und Enkelkindern und mit einigen Freunden ohne Brimbamborium. An diesen Tag zu denken war uns wichtig, aber keineswegs ein herausragendes Ereignis. Unsere Ehe hatte zu keinem Zeitpunkt auf der Kippe gestanden. Ehekrisen hatten wir nicht zu bestehen. Langweilig oder überflüssig sind wir uns niemals gewesen. Noch heute gehen wir niemals einfach nebeneinander her. Wir halten uns an den Händen, wenn es nur irgendwie geht. Und wir küssen uns immer wieder. Manche finden das blöde, wir nicht.

Der andere in der Ehe ist immer da. Das ist so selbstverständlich, dass wir darüber nicht nachdenken. Aber natürlich fragen wir uns, warum das in vielen Ehen so anders ist? Auch ungeschieden trotten sie nur noch durch ihr Leben nebeneinander her. In der alten SPD galt die Ehe als solides Element. Ehescheidung war mehr als verpönt. Der damalige Oberbürgermeister von Nürnberg hieß Urschlechter. Und so hieß es damals: Einmal geschieden ist schlecht, zweimal geschieden ist schlechter, dreimal geschieden ist Urschlechter.

Da gibt es heute viele „Urschlechter" in der SPD. In jedem Falle ist eine glückliche und intakte Ehe heute eher ein Karrierehindernis als die solide Basis für gute, erfolgreiche, politische Arbeit. Wenn ich emanzipierte Genossinnen frage, wieso sie denn eigentlich Gerd Schröder, diesen Macho, so favorisierten, für den Frauen im Laufe seines Lebens „Verbrauchsmaterial" waren, das hin und wieder erneuert werden musste, machen mir ihre Antworten klar, dass wir auf einem anderen Stern leben. Selbstverwirklichung als oberstes Prinzip ihres Lebens verlange unter Umständen auch den Partnerwechsel, weil er die sexuelle Pläsire optimiere. Wenn davon der andere zu Schaden käme, liege das nur daran, dass der andere altmodisch sei. Deshalb auch das erfolgreiche Bemühen der Politik, homosexuelle Partnerschaften gleichwertig zur Ehe werden zu lassen.

Wir haben in unserer 60-jährigen Partnerschaft bei 54-jähriger Ehe nie darüber philosophiert, warum es bei uns so glatt gegangen ist. Ich weiß, dass Gott uns dabei geholfen hat. Wichtig ist aber auch gewesen, dass wir uns niemals ums Geld streiten mussten. Keiner hatte Extravaganzen und beide hatten Hemmungen, zu viel auszugeben. Unsere Kinder hat meine Frau erzogen, also keine Quelle von anhaltendem Ehekrach.

Niemals haben wir uns miteinander gelangweilt. Wir brauchen keine Dritten zum Zeitvertreib. Bei uns war und ist keine Zeit zu vertreiben. Meine Frau kann schlecht auf mich zugehen, um ein böses Wort zu verbannen. Also mache ich das. Jede Stunde der Spannung und des Ärgers zwischen uns ist eine verlorene Stunde. Deshalb kann ich doch den ersten Schritt tun, denn es ist ja auch eine gewonnene Stunde für mich.

Vor allem aber muss der Mensch seine Absichten und Pläne vor ihrer Umsetzung vom Ende her bedenken. Was kann aus einer ersten Lüge, einem ach so harmlosen Flirt werden? Wie wird das enden? Vielleicht haben wir beide das individuelle Glück einer nicht überbordenden Sexualität. Das macht manches leichter. Doch wer da meint, er müsse alles „einheimsen", was er im Laufe seines Lebens ergattern kann – Geld, Glamour, Amüsement, Sex, Fressen –, ist ein armer, von seinen Trieben geplagter Mensch, der seine individuelle Menschenwürde, auch seine Freiheit zur Selbstbestimmung wegwirft.

Unser individuelles Glück, aber auch die gute Zukunft einer Gesellschaft, einer Nation, kann sich nur entwickeln, wenn wir wissen, dass individuelle Freiheit nur in der Bindung an gemeinsame Werte und in der Ehe an den Anderen entsteht. Das ist eines der „Geheimnisse" unserer Ehe. Doch wer will diesen, in den Augen vieler altmodischen „Quatsch" heute noch hören?

Für uns beide ist unsere Zweisamkeit, unsere Liebe, unsere Ehe Fundament unseres Lebensglücks. Wir wollen und wir können kein Vorbild für andere sein. Unsere Bindungen und unsere wachsende Liebe können wir sowieso nicht vorzeigen, auch nicht analysieren. Da müssen die anderen ihren jeweils eigenen Weg finden. Patentrezepte gibt es nicht.

Ich denk', mich tritt ein Pferd

Es gibt Menschen, die von einem Fettnäpfchen in das nächste treten. So berichtet es wenigstens die Fama. Ob das stimmt, können die Leser nicht nachprüfen. Oft erlauben sich die Journalisten dann den Spaß, eine neue Maßeinheit zu verkünden: Ein Meier, Müller, Schulze ... gibt den Abstand von einem Fettnäpfchen zum nächsten wieder, in das der jeweilige Politiker springt.

So bin ich niemals charakterisiert worden. Auf Karikaturen mit Vorbildern aus dem Tierreich haben ihre Zeichner Willy Brandt als männlichen Löwen abgemalt, der bequem ist und seine Beute vor allem von Dritten erlegen lässt. Herbert Wehner wird zum Warzenschwein, Helmut Schmidt zum Känguru. Er trägt einen kleinen Schmidt als seinen Nachwuchs im Beutel. Ich mutiere zum Wildkaninchen, das mit unerwarteten Haken immer wieder seine Verfolger abschüttelt, notfalls auch in fremden Erdlöchern verschwindet.

Diesen Vergleich finde ich zutreffend. Wenn es ernst wird, fällt mir normalerweise noch ein Ausweg ein, mit dem meine Verfolger nicht gerechnet haben. Gerupft zwar, entkomme ich und werde politisch nicht erlegt und erledigt. Und dennoch finde ich mich immer in Fettnäpfchen wieder. Schon meine Mutter war davon überzeugt, dass mir von Zeit zu Zeit „das Fell juckt" und ich mich dann nach einer Tracht Prügel förmlich sehne. Das mag so sein und Übermut und damit verbunden ein hohes Maß an Naivität kommen bei mir sicherlich hinzu. Und es ist ja auch spannend, sich aus diesen selbst gebastelten Fallen zu befreien.

Am 12. Juni 1975 rede ich auf dem Deutschen Evangelischen Kirchentag in Frankfurt zum Thema „Durch Christus verändert". Ich sage: „Als wir im Kabinett bei den Ereignissen in unserer Botschaft in Stockholm entscheiden mussten, war ich allein, wie so oft vorher. Keiner konnte mir die Last meiner Entscheidung über Leben und Tod anderer abnehmen. Doch wenn ich Gott um Hilfe bitte, fühle ich mich anschließend besser. Meine ausgestreckte Hand wird berührt. Der Trost erreicht mich. Und ich kann wieder leben und meine Pflicht tun. Jochen Klepper formuliert das so: ‚Manchmal denkt man, Gott müsste einem in all den Widerständen des Lebens ein sichtbares Zeichen geben, das einem hilft. Aber dies ist eben sein Zeichen: dass er einen durchhalten und es wagen und dulden lässt.'

Ist das alles naiv und eines ‚gestandenen' Politikers nicht würdig? Die ‚Macher' im Bonner Bundeskabinett sollen schließlich unser Land regieren, an den Klippen und Turbulenzen unserer Zeit vorbeisteuern und nicht ‚herum-spinnen'. Ich versuche das mit allen Kräften. Oft wird mehr verlangt, als man eigentlich geben kann. Aber wir brauchen doch ein Motiv und einen Kompass, auch einen letzten Schutzhafen, der nur uns zugänglich ist. Ich bin nicht Politiker aus Eitelkeit, Raffsucht, Machtgier, obwohl es unredlich wäre, nicht auch das immer wieder bei sich selbst zu entdecken. Ich will vor allem meine Pflicht tun."

Für die Bonner ist das ungewöhnlich, eher dummes Gewäsch. So einer kann doch nicht von Helmut Schmidt ausgesuchter Nachfolger und damit Kanzlerkandidat werden. Als wenn ich danach überhaupt strebe! Doch das obige Zitat erweckt keinen hörbaren Anstoß. Großer Ärger, eine Steilvorlage für die CDU/CSU-Opposition im Deutschen Bundestag kommt aus den nächsten Zeilen meiner Rede in Frankfurt: „Als demokratischer Politiker schließe ich Kompromisse, die auch faul sein können: Ich kämpfe manchmal unfair für den Erhalt der Macht meiner politischen Gruppe, weil ich davon überzeugt bin, dass das für unser Land gut ist. Ich sage nicht immer die Wahrheit. Ich vernachlässige meine Freunde und manchmal zwangsläufig meine Familie. Ich werde das auch nach diesem Kirchentag tun. Also habe ich mich nicht geändert? Wir ändern uns täglich! Wichtig ist es, zum Wesentlichen zu kommen. Das Beiwerk muss von uns abfallen, der Kern hervortreten. Ich hoffe, dass Gott mir dazu hilft. Allein schaffe ich es nicht."

Danach habe ich Probleme bei meinen Auftritten als Finanzminister im Deutschen Bundestag. Immer dann, wenn mir die CDU/CSU mit Sachargumenten nicht beikommen kann, macht sie es sich leicht: „Er lügt schon wieder. Er hat es auf dem Kirchentag ja selbst zugegeben."

Ich halte das aus, aber nicht mein Kanzler. Helmut Schmidt: „Kannst du nicht endlich mit deinem christlichen Exhibitionismus aufhören?!"

*

Doch auch Dritte leiden unter meiner Naivität. Im Juni 1974 findet in der Bundesrepublik die Fußballweltmeisterschaft statt. Am 22. Juni spielt unsere Nationalmannschaft im Hamburger Volksparkstadion gegen die DDR. Die Erwartungen sind hoch. „Die werden wir klar besiegen", sagen alle. Natürlich geht es dabei auch um einen Wettkampf der Systeme und um einen Beweis, welches Deutschland erfolgreicher ist, besser Fußball spielt. Wir können überall lesen, dass den Fußballern und den DDR-Funktionären jeglicher Kontakt mit den Westdeutschen untersagt ist.

Die DDR gewinnt 1:0. Am nächsten Montag will ich mit der Lufthansa zur Arbeit nach Bonn fliegen. Wir sehen vom Terminal aus, wie der DDR-Mannschaftsbus vor unserer Maschine hält und die Gruppe einsteigt. Dann sind wir dran. Zu dieser Zeit gibt es bei der Lufthansa keine reservierten Plätze, sondern freie Platzwahl. Ich setze mich neben einen DDRler und rede ihn an. Für mich ist klar, dass wir auf keinen Fall Weltmeister werden. Mein Gesprächspartner widerspricht mir. „Die BRD wird Weltmeister!"

Ich will mit ihm um fünf Flaschen Whisky wetten. Er ist zögerlich. Er heißt Hans-Jürgen Kreische und spielt für die DDR. „Und wer sind Sie?"

„Ich bin der Finanzminister der Bundesrepublik."

Das erheitert ihn. Ich zeige ihm meinen Dienstausweis. Wir steigen aus. Die BRD wird Weltmeister. Wieder einmal siegt meine Naivität. Ich frage nicht nach im Auswärtigen Amt, sondern „zwinge" den damaligen ständigen Vertreter (Botschafter) der DDR in Bonn, Kohl, die fünf Flaschen Whisky für Hans-Jürgen Kreische entgegenzunehmen, ohne auch nur einen Gedanken darauf zu verschwenden, welche Konsequenzen diese Sendung für seinen Empfänger haben könnte. Das erfahre ich erst nach der Wende. Kreische wird eingehend von der Stasi verhört. Schließlich hatte er sich entgegen einem ausdrücklichen Kontaktverbot zu jedem Westdeutschen sogar mit einem hochrangigen Vertreter der imperialistischen BRD eingelassen. Er wird nicht mehr in die DDR-Auswahl berufen.

Heute sind wir gute Freunde. Früher hatte mich jede Niederlage des HSV gefreut nach dem Motto, das ist gut für das Ansehen des FC St. Pauli. Heute ist das anders. Hans-Jürgen Kreische arbeitet mehrere Jahre als Scout beim HSV. Er sucht für den Verein Spieler, insbesondere Nachwuchsspieler, die verpflichtet werden könnten. Seit dieser Zeit freue ich mich über jeden sportlichen Erfolg des HSV.

*

Da gehe ich fröhlich und naiv im Frühjahr 1978 vom Finanzministerium auf die Hardthöhe. Als Finanzminister hatte mich dieses Ministerium immer besonders geärgert, weil seine massiven Ansprüche an den Bundeshaushalt meinen Sparbemühungen entgegenstanden. In allen anderen Ressorts geht es mehr oder minder um greifbare und damit um begreifbare Forderungen. Da können die Ressortchefs mit dem Finanzminister verhandeln und einen sachlichen und damit haushaltswirksamen Kompromiss schließen. Für den Verteidigungsetat ist das zu Zeiten des Kalten Krieges anders. Wenn es um Bedrohung, Abschreckung, die flexible Response geht, bestimmen Erwartungen, Einschätzungen, Bedrohungsanalysen die militärischen Anforderungen und damit die Ansprüche an den Haushalt. Das ist für mich „Science Fiction ohne science". Solche Wortspiele machen mir große Freude, auch wenn ich mir damit das Leben und das Erreichen meiner politischen Vorgaben unnötig erschwere.

Natürlich ist unsere Verteidigungspolitik als Teil des westlichen Nato-Bündnisses zur Friedenssicherung in Europa unverzichtbar. Nur die gesicherte Abschreckung durch die Nato gibt unserer Entspannungspolitik gegenüber der Sowjetunion, Osteuropa und der DDR eine rationale Basis. Nur die militärische Einsatzbereitschaft der Bundeswehr sichert die politische Unterstützung unserer Ost- und Deutschlandpolitik durch unsere westlichen Nato-Partner.

Denn das ist der sicherheitspolitische Widerspruch dieser Zeit: Auf der einen Seite fordern unsere europäischen Nato-Partner und die USA eine eindeutige Westbindung der Bundesrepublik. Das gibt ihnen Sicherheit vor deutschen Sonderwegen und stärkt die Allianz. Andererseits hoffen sie auf einen wachsenden Realismus in der Bundesrepublik, der sich auf den endgültigen Verlust der Oder-Neiße-Gebiete vorbereitet und zwei deutsche Staaten als politische Realität hinnimmt.

Dieser Weg kann aber nur gegangen werden, wenn sich die deutsche Politik selbst auf den Weg macht. Willy Brandt und Walter Scheel schlagen diesen Weg mutig und – wie die Bundestagswahlen 1972 zeigen – mit der Zustimmung der Mehrheit der Wähler ein. Dabei betreten wir auf der einen Seite vermintes politisches Neuland. Auf der anderen Seite bleiben wir im Westen fest eingebunden, gewinnen aber nationale Spielräume.

Gegenüber der Nato ist eine solche Emanzipation der Bundesrepublik während meiner Zeit als Verteidigungsminister noch schwierig. Natürlich gibt es damals in unserem Lande eine aktive Friedensbewegung. Doch die große Mehrheit des westdeutschen Wahlvolks beherrscht eine tiefsitzende bis ins Irrationale reichende „Russenangst". Die Sowjets mit ihrer Drohpolitik, vor allem hinsichtlich der Zukunft Westberlins und die DDR mit ihrer repressiven Innenpolitik und den vielen Morden an der Mauer geben diesen Ängsten immer wieder neue Nahrung. Hinzu kommt die böse Agitation der CDU/CSU-Opposition im Verein mit der Springer-Presse, die gemeinsam immer wieder versuchen, unsere Ostpolitik als eine latente Gefährdung unserer Westbindung und damit unseres Wohlstandes und unserer Freiheit zu diskreditieren.

Und so schlägt mein Streit mit Joseph Luns, dem Generalsekretär der Nato, Wogen. Im kleinen Kreise der nuklearen Planungsgruppe der Nato mache ich darauf aufmerksam, dass die Modernisierung weitreichender europäischer Atomwaffen mit einer Reichweite bis tief in das Territorium der UdSSR hinein viel mehr als eine militärische Frage sei. Sie berühre unsere Ost-West-Politik, die Rüstungskontrollverhandlungen, den Zusammenhalt des westlichen Bündnisses und auch unsere Staatsfinanzen so weitreichend, dass es vor ihrer Stationierung einer umfassenden Debatte national wie im Bündnis bedürfe. Luns weist meine Einwände zurück mit der Bemerkung, ich wisse anscheinend als frischgebackener Verteidigungsminister noch nicht, dass es im Bündnis niemals nur militärische Entscheidungsprozesse gebe.

Ich explodiere und sage ihm, er sei nicht dazu da, mich zu zensieren. Und das klingt dann in Englisch noch gröber, weil dann Nuancen fehlen, die einem in der eigenen Muttersprache zur Verfügung stehen. So etwas hat es bisher noch nicht in der Nato gegeben: Ein deutscher Minister wird unbotmäßig. Und dann noch ein so junger, ungedienter. Die Sehnsucht nach Georg Leber wird spürbar. Er war ja so wie sie. Und so wie ein deutscher Minister zu sein hat. – Die Beschwerde beim Kanzler wird fällig über einen „ernsten Zwischenfall". Schmidt empfängt Luns. Dann redet er mit mir. Das war's.

Mich kann das wenig beeindrucken. Natürlich greifen die Zeitungen diesen Zwischenfall kritisch auf. Doch der Honeymoon zwischen ihnen und mir muss sowieso zu Ende gehen. Denn ich bin nicht der kalte Krieger, den sich manche Blätter wünschen. Die USA verteidigen in unserem Lande auch sich selbst. Wir haben die zweitstärkste Armee der Allianz. Wir brauchen die Nato. Doch sie braucht auch uns. Und so werden wir künftig überall mitreden und nicht automatisch strammstehen. Sicherlich war ich im Ton zu grob. Doch einschüchtern können die mich nicht. Auch in der Nato ist es an der Zeit, dass wir unser Selbstinteresse und unser Selbstbewusstsein zeigen, auch wenn die Opposition und Springers Zeitungen dazu motzen.

*

Wenn ein Termin weit genug in der Zukunft liegt und mich nicht akut bedrängt, haben die Veranstalter eine gute Chance, dass ich zusage. Wenn die Veranstaltung näher rückt, reibe ich mir häufig die Augen und ärgere mich darüber, auf was ich mich da eingelassen habe. So auch am Rosenmontag, den 26. Februar 1979, Hahnebierfest in Heide. Ich soll auf Plattdeutsch eine launige Rede halten. Mehr dringt nicht zu mir vor.

In der Woche davor bin ich in den USA und verhandele in Washington mit meinem Kollegen Harold Brown über die Nato-Nachrüstung, den sogenannten Nato-Doppelbeschluss. Die Lage ist außerordentlich komplex. Harold Brown weist zu Recht darauf hin, dass Helmut Schmidt mit seiner Rede im Oktober 1977 vor dem International Institute for Strategic Studies die Raketenlücke in Europa gefunden, er meint, erfunden habe. Die Deutschen hätten so lange im Bündnis interveniert, bis sie die USA nun dazu gebracht hätten, den Auftrag für die Entwicklung entsprechender Mittelstreckenwaffen zu erteilen. Das sei zwar strategisch überflüssig. Denn die atomaren Potentiale der USA reichten allemal aus, um eine atomare Abschreckung durch das Bündnis zu sichern. Doch wenn die Deutschen wollten. ...

Und so präsentieren mir Harold Brown und Brzezinski, der Berater von US-Präsident Carter, einen, wie ich damals in mein Tagebuch schreibe, „teuflischen Plan". Die bereits bei uns stationierten Pershing I werden modernisiert, ihre Reichweite verlängert, ihre Zielgenauigkeit verbessert. Konsequenz: Die Deutschen hätten sich mit der Nachrüstung durchgesetzt und gleichzeitig sich allein das atomare Risiko dieser Modernisierung aufgebürdet. Vor allem aber wären wir allein dem politischen Druck nicht nur aus Moskau ausgesetzt. Das können wir unserer Deutschland- und Ostpolitik nicht antun, auch nicht unserer Bündnispolitik im Westen.

Andererseits kann ich diesem US-Plan eine gewisse Sachlogik nicht absprechen. Sie halten die deutsche Forderung nach einer Nato-Nachrüstung für überflüssig. Wenn Bonn aber darauf besteht, werden die USA die bereits bei uns stationierten Pershing-Raketen so modernisieren, dass sie ein Gegengewicht zu den sowjetischen SS 20 Mittelstreckenraketen bilden können. Und alle anderen europäischen Nato-Länder blieben außen vor. So hatte Helmut Schmidt 1977 bei seinem Vortrag in London „sicherlich nicht gewettet".

Ich fliege voller Sorgen nach Deutschland zurück und muss am Montag durch eine aufgetürmte Schneelandschaft zusammen mit Ingrid im Dienstwagen nach Heide fahren. Unser Pressesprecher hatte mir während des Rückflugs den uralten Marinewitz „Rumbalotte" erzählt. Dazu fällt mir einer der Lieblingswitze von Willy Brandt ein. Darum viel plattdeutscher Schnickschnack und die plattdeutsche Rede ist fertig. Doch als ich den Veranstaltungsort betrete, hätte ich eigentlich merken müssen, dass ich mit dieser Rede schiefliege. Meine Frau darf nicht in den Festsaal, die Teilnehmer im Frack, die Fahnenträger marschieren ein, Deutschland- und Pommernlied werden gesungen.

Meine Rede: Der Lieblingswitz von Willy Brandt wird hingenommen. – Kanzler Brandt gibt in Washington einen Empfang. Er fragt einen anwesenden jungen Mann, warum er aus Deutschland ausgewandert sei. Antwort: „Vor eurer Regierungszeit war Homosexualität strafbar. Kaum ward ihr an der Regierung, habt ihr dieses Verbot aufgehoben. Und wie ich euch Sozis kenne, wird Homosexualität in Deutschland irgendwann Zwang. Da bin ich lieber abgehauen!"

Den Rumbalottewitz habe ich auf Stoltenberg, den Ministerpräsidenten des Landes, umgebaut. Schließlich sind wir in diesen Wochen in Schleswig-Holstein im Landtagswahlkampf: Bei einem Verkehrsunfall wird ein Verletzter besinnungslos ins Krankenhaus gebracht. Er hat auf der Vorhaut seines Penis eine merkwürdige Tätowierung. „Stomeg." Als sie ihn waschen, entwickelt sich die Angelegenheit. Aus Stomeg wird

„Stoltenberg mutt weg". Schweigen im Saale. Meine Frau bei unserer Rückfahrt: „Du Blödie …"

Die Reaktionen aus Kiel und dem Bonner Adenauerhaus lassen nicht auf sich warten. „Entgleisung", „Frömmler" und „Zotenreißer", „Rücktritt". So auch im Plenum des Bundestages. Ich entschuldige mich und hoffe darauf, dass demnächst eine neue Sau durchs Dorf läuft.

Doch ich habe noch sieben Wahlversammlungen in Schleswig-Holstein zu absolvieren. Unweigerlich kommt nach meiner Rede in der anschließenden Debatte die Frage: „Herr Minister, Sie haben da in Heide einen Witz erzählt. Können Sie mir den mal erklären?" …

Die CDU hilft mir aus der Patsche. Sie lädt zu ihrem Bundesparteitag in Kiel ein Pariser Ballet ein, das oben ohne auftritt. Nun kann ich antworten. Natürlich hätte ich mich in Heide danebenbenommen. … Aber die CDU solle doch lieber vor der eigenen Tür kehren! So eine Schweinerei …!

Das finden die Genossen gut und loben mich beim Umtrunk nach der Versammlung. Meine Antwort können sie nicht akzeptieren. „Natürlich hat mir ihr ‚oben ohne' geholfen. Aber warum sollen die sich eigentlich keine nackten Brüste ansehen?"

Die Antwort eines örtlichen SPD-Vorsitzenden: „Das siehst du falsch. Wer nackte Titten sehen will, soll in den Puff gehen, dann bleibt er wenigstens anständig!"

Nach der Landtagswahl treffe ich Stoltenberg bei einer Besprechung bei Helmut Schmidt. Er kommt zu spät und ich sage zum schlankgewordenen Wahlkämpfer: „Mein Gott, Herr Stoltenberg, Sie haben aber abgenommen."

Seine Antwort: „Ich weise das zurück. Wir haben immer noch die absolute Mehrheit der Landtagsmandate."

Einen Nachklang hat Heide. Als Gastgeschenk erhalte ich

eine große, geräucherte Mettwurst. Sie hängt im Vorratskeller und wird langsam kleiner. Sie nennen wir Stomeg. Und so heißt bei uns seit dieser Zeit geräucherte Mettwurst: „Mama, kaufe doch auch mal wieder Stomeg, nicht immer nur Landleberwurst und Gekochte."

*

Mit dem Verlust der Regierungsverantwortung in Bonn im Oktober 1982 bleibt vom Führungstrio Brandt, Schmidt, Wehner nur Willy Brandt übrig. Den Fraktionsvorsitz übernimmt Hans-Jochen Vogel, der weder für politische Originalität noch für Führungsstärke steht. Er ist kein Opportunist im eigentlichen Sinne. Vielmehr vertritt er die jeweilige Mehrheitsmeinung mit Nachdruck, auch wenn sie sich innerhalb weniger Jahre grundsätzlich ändert. So bei der Haltung der Partei zum Nato-Doppelbeschluss. Er ist der „Syndikus" der Partei, der die Vorgaben der Parteitagsbeschlüsse umsetzt.

Bleibt also Willy Brandt. Er will die Partei zusammenhalten. Dazu gehören auch die „Schmidtianer". Und er will die SPD „heil" an einen seiner Enkel, sei es Björn Engholm oder Oskar Lafontaine, übergeben. Viel Kraft und klare Führung können von ihm nicht abgefordert werden. Außerdem ist er Vorsitzender der Sozialistischen Internationale und der Nord-Süd-Kommission und deshalb viel außer Landes.

Die bereits vorhandene latente Kritik entzündet sich an ihm, als er Mitte März 1987 als neue Pressesprecherin der Partei eine Dame namens Margarita Mathiopoulos benennt. Sie ist kein Parteimitglied. Und das wollen viele Genossen nicht hinnehmen. Ich äußere mich mit Nachdruck gegen diese wilde öffentliche Debatte unter Genossen und halte auch eisern den Mund. Und dann bin ich dank meiner eigenen Dummheit plötzlich Teil der ganzen Kampagne. „BMW – Brandt muss weg", so werde ich im Spiegel zitiert. Am wütendsten ist meine Frau. „Da kämpfst du um deine Wiederaufstellung, wühlst für deine Partei und machst dann mit solchen dummen Bemerkungen alles wieder kaputt."

Was war geschehen? Am Dienstag, den 17. März, sitze ich in der Fraktion am „Hamburger Tisch" bei den Hamburger Abgeordneten. Wir reden über die Schwierigkeiten mit unserer neuen Pressesprecherin, fangen an zu blödeln. Ich frage Freimut Duve, ob er die Abkürzung BMW kennt: „Brandt muss weg"?

Duve: „Weißt du denn, was VW bedeutet? Von wegen!"

Da sage ich: „Lass uns bloß aufhören mit dieser Blödelei, sonst steht es noch in der Zeitung."

Duve sagt noch: „Ich bin aber besser und witziger als du." Das war's.

Aber nicht für Duve. Er sorgt zielstrebig dafür, dass ich in die Gazetten komme. Sein Kommentar: Erst am Abend sei ihm deutlich geworden, wie böse und hinterhältig dieser Spruch von mir gewesen sei, und deshalb habe er nicht schweigen können … Auch das ist ein Stück innerparteilicher Wirklichkeit, Gegner zur Strecke bringen. Schließich gehört Freimut Duve zu meinen politischen Gegnern in Hamburg-Nord. Ingrid: „Dummheit muss bestraft werden. Wie kannst du ausgerechnet Freimut Duve diese Chance geben, dir einen solchen Tiefschlag zu verpassen."

Ich bitte Willy Brandt um Entschuldigung. Den Fraktionskollegen gegenüber mache ich klar, wie sich das mit „BMW" wirklich zugetragen hat. Ich biete meinen Sitz im Bundesvorstand durch meinen Rücktritt an. Aber das will keiner. Der Zwischenfall scheint mit dem Rücktritt von Willy Brandt vergessen. Aber ich weiß, dass er in den Schubladen meiner Gegner gut aufbewahrt bleibt. Auf dem nächsten Bundesparteitag

Ende August 1988 fliege ich aus dem Bundesvorstand und verlasse die aktive Politik.

Im Übrigen, Oskar Lafontaine teilt uns im Bundesvorstand am 23. März 1987 mit, dass er, Willy Brandt, Johannes Rau und Hans-Jochen Vogel beschlossen hätten, dass Vogel die Nachfolge von Willy Brandt als Parteivorsitzender antreten würde. Und so geschieht es dann.

*

Doch ich bin auch für schwere politische Fehler und Fehleinschätzungen gut. Wieso konnte ich überhaupt bereit sein, als Ex-Verteidigungsminister zwei Jahre nach dem Bruch der Bonner Koalition als Spitzenkandidat der SPD in West-Berlin anzutreten, um dort Regierender Bürgermeister werden zu wollen? Verzweiflung über das verlorene Amt? Selbstüberschätzung? Parteisoldat, der den Forderungen der Bosse folgt? Wie auch immer. Immerhin hatte und habe ich die Ausrede, dass mir viele dringend zuraten. So auch Helmut Schmidt.

Doch dann heißt es aber auch, die neuen Mentalitäten dieser Stadt zu beachten und ihnen stets und ständig Rechnung zu tragen. Doch das ist nicht meine Stärke. Und schon in den ersten Monaten meines Berliner Abenteuers lande ich in einem politischen Fettnäpfchen, das beachtliche Konsequenzen nach sich zieht. In einem Interview mit dem NDR erkläre ich zum Verhältnis der beiden deutschen Staaten: „Beginnen wir einmal mit den Fakten … Es gibt zwei deutsche Staaten, die füreinander nicht Ausland sind. Aber die deutsche Frage ist insofern auch nicht mehr offen, sondern hier sind wichtige Fakten geschaffen worden. Der Grundlagenvertrag macht das ja auch deutlich. Deutsche Zukunft gibt es nur im europäischen Verbund."

Nachfrage des NDR: „Die deutsche Frage ist nicht mehr

offen, heißt das, das Grundgesetz aufgeben mit seinem Gebot der Wiedervereinigung?"

Antwort: „Nein, natürlich nicht. Das Grundgesetz bleibt weiterhin gültig ... Es kann Jahrzehnte dauern, bis wir in der deutschen Frage weiterkommen. Aber in diesen Jahrzehnten muss West-Berlin leben, müssen wir Politik machen. Und deshalb müssen wir die Dinge auch anders sehen und akzeptieren, dass es einen zweiten deutschen Staat gibt."

Ein Sturm bricht los. Wir sind noch in der politischen Saure-Gurken-Zeit, das erklärt einiges. Endlich hat die Springerpresse etwas in der Hand. Gegen meine Aussage insgesamt lässt sich nur in Grenzen polemisieren. Da ich aber nicht präzise genug, nicht fälschungssicher formuliert habe, wird der Satz herausgepickt: „Die deutsche Frage ist insofern auch nicht mehr offen."

Ich bin in der Zwickmühle. Nehme ich das zurück, wie mir die Springerblätter anbieten, mache ich mich zum Trottel. Bleibe ich bei meiner Aussage, wenn auch präziser und klarer, geht die Prügelei weiter. Ich entscheide mich für den zweiten Weg.

Kellermaier vom NDR findet das ganze Interview auch nach wiederholtem Lesen stinknormal, eigentlich langweilig. Doch Springer greift an. Hertz-Eichenrode rückt mich in der „Welt" in die Nähe der Kommunisten in Moskau und der SED. So schnell geht das. Für die einen, auch in der eigenen Partei, immer noch Kriegsminister, für die anderen schon KP-Sympathisant. In Bonn äußern sich die Kalten Krieger, Dregger an der Spitze. Es dauert einige Tage, bis Süddeutsche und Frankfurter Rundschau, Spandauer Volksblatt und Theodor Sommer in der Zeit antworten. Aus einer Mücke wird im Sommerloch ein Elefant, den ich durch den Berliner Vorwahlkampf trampeln lasse. Der SFB muss mir zweimal seine Regionalsendung öffnen. Und da kann ich klarmachen, was ich meine. Mehrere Bürger, ältere Damen sagen mir auf der Straße und im Restaurant, dass ich Recht hätte. Aber als wir am Freitagabend in Friedenau spazieren gehen, brüllt eine Gruppe junger Leute hinter uns her: „Volksverräter Apel raus!"

Die Genossen sagen: „Hans, du hast ja völlig Recht, aber warum musst du das sagen?"

*

Selbst die Deutsche Vereinigung kann das verkrampfte Verhältnis vieler Deutscher zu ihrem eigenen Volk und seiner Vergangenheit nicht lösen. Als der Trainer des FC St. Pauli, Uli Masloh, öffentlich erklärt, er sei stolz darauf, Deutscher zu sein, muss er sich davon distanzieren. Anderenfalls verlangt die Meute auf den Rängen seine sofortige Entlassung. Und so ist es überall. Die Mehrheit schweigt. Die Hohen Priester der Political Correctness beherrschen die Medien und sprechen ihre „Verdammnis-Urteile" aus. Man hat sein Land nach Auschwitz nicht zu lieben. Die deutschen Tugenden – Fleiß, Pflichtgefühl, Treue – sind Sekundärtugenden, mit denen man – so Lafontaine – auch ein KZ leiten kann.

Die Fußballweltmeisterschaft im Jahre 2006 hat einen fröhlichen deutschen Patriotismus ausgelöst mit Hunderttausenden von wehenden Flaggen in Schwarz-Rot-Gold. Doch ist das ein Aufbruch? Bundespräsident Köhler bekennt sich dazu, stolz auf sein Vaterland zu sein, weil es den Neuanfang nach 1945 so überzeugend in der Abkehr vom Nazismus und auf demokratischem Wege in die Gemeinschaft Europas gegangen sei.

Dem kann ich uneingeschränkt zustimmen. Denn die monströsen Verbrechen der Nazis waren nicht nur Verbrechen gegen die Menschheit und die unveräußerlichen Menschenrechte, sondern auch gegen das Ansehen des humanen

Deutschlands und seiner Leistung über die Jahrhunderte. Diese Verbrechen dürfen nicht vergessen werden, aber auch nicht mehr als 60 Jahre nach dem Ende des Zweiten Weltkrieges als „Schlagstock" gegen unser Land eingesetzt werden.

1995 zum 50. Jahrestag des Kriegsendes ist die Herrschaft der Hohen Priester der Political Correctness in jedem Falle noch ungebrochen. Der 8. Mai 1945 ist für sie nur eins: Die Befreiung von der Nazidiktatur. Ein Tag der Dankbarkeit und der ungeteilten Freude für alle Deutschen. Doch habe ich diesen Tag auch anders in Erinnerung. Nachts können wir wieder ruhig schlafen. Bombenangriffe gibt es nicht mehr. Nach einigen Monaten können wir wieder zur Schule gehen. Mein Vater kommt lebendig aus dem Krieg zurück. Die Stadt Hamburg liegt in Trümmern. Wir hungern und frieren. Millionen Deutsche werden vertrieben.

Eine Perspektive haben wir nicht. Sie entwickelt sich erst Jahre später durch den Koreakrieg, den Kalten Krieg, Westdeutschlands Einbindung in Westeuropa, um die kommunistische Expansionslust zu brechen. Erst jetzt kann ich als junger Mann ohne Einschränkungen erkennen, was die Naziverbrecher angerichtet hatten. Meine Dankbarkeit ist ungeteilt, dass wir von ihnen befreit wurden, und so unserem Land und Europa eine barbarische Zukunft erspart wurde.

Ich treffe Ulrich Schacht. Wir kennen uns seit vielen Jahren. Er wird 1951 in der DDR im Frauengefängnis Hoheneck geboren. Dort sitzt seine Mutter ein, aus politischen Gründen inhaftiert. Er studiert Theologie in Rostock und wird 1973 wegen staatsfeindlicher Hetze zu einer langjährigen Gefängnisstrafe verurteilt. 1976 kauft die Bundesrepublik ihn frei. Er tritt in die SPD ein. Damals lerne ich ihn kennen.

Wir reden über den 8. Mai 1945 und die sich abzeichnenden

Erklärungen zum 50. Jahrestag. Ich unterzeichne mit anderen eine von ihm konzipierte Erklärung: 8. Mai 1945 – Gegen das Vergessen (1995). „Im Grunde genommen bleibt dieser 8. Mai 1945 die tragischste und fragwürdigste Paradoxie für jeden von uns. Warum denn? Weil wir erlöst und vernichtet in einem gewesen sind."

Die Paradoxie des 8. Mai, die der erste Bundespräsident unserer Republik, Theodor Heuss, so treffend charakterisierte, tritt zunehmend in den Hintergrund. Einseitig wird der 8. Mai von Medien und Politikern als „Befreiung" charakterisiert. Dabei droht in Vergessenheit zu geraten, dass dieser Tag nicht nur das Ende der nationalsozialistischen Schreckensherrschaft bedeutet, sondern zugleich auch den Beginn von Vertreibungsterror und neuer Unterdrückung im Osten und den Beginn der Teilung unseres Landes. Ein Geschichtsbild, das diese Wahrheiten verschweigt, verdrängt oder relativiert, kann nicht Grundlage für das Selbstverständnis einer selbstbewussten Nation sein, die wir Deutschen in der europäischen Völkerfamilie werden müssen, um vergleichbare Katastrophen künftig auszuschließen.

Die Hohen Priester der Political Correctness werfen ihre Windmaschinen an. Die Unterzeichner sollen diskreditiert werden. Das soll auch deshalb gelingen, weil DVU- und NPD-Mitglieder unterschrieben haben. Die Medien belagern mich, um mich vor ihre Flinte zu bekommen. Das findet mit mir nicht statt, denn ich weiß zur Genüge, wie ihre „Bartwickelmaschinen" funktionieren. Die Bürger aber interessieren diese Inszenierungen überhaupt nicht. Gerade einmal zwei Briefe erreichen mich zu dieser Erklärung – und die auch noch zustimmend.

Ich schäme mich noch heute. Mit dem Hinweis auf die DVU- und NPD-Unterzeichner ziehe ich meine Unterschrift zurück. Das ist feige, denn die Erklärung ist in Ordnung und entspricht auch meiner Überzeugung. Wir fahren nach Rostock zu den mündlichen Diplomprüfungen. Dort sind wir nicht erreichbar. Als wir nach zwei Tagen wieder zurück in Hamburg sind, ist der Trubel vorbei. Kein Mensch interessiert sich noch für diese Erklärung. Doch mit Ruhm bekleckert habe ich mich wahrlich nicht.

*

Bleiben die vielen kleinen Fettnäpfchen, in denen ich mich suhle und häufig auch durchaus wohlfühle. Eins davon hat einen Namen: „Ich glaub', mich tritt ein Pferd."

Wenn ich ein Motto für meinen Grabstein suchte, sollte ich diesen Spruch verwenden. Mehr als drei Jahrzehnte später ist er immer noch in der Erinnerung vieler Menschen. Bösartiger: „Da kommt der mit dem Pferdetritt."

Freundlicher: „Herr Apel, haben Sie inzwischen Ihren Frieden mit den Pferden geschlossen?"

Im Januar 1975 nehme ich als frischgebackener Finanzminister in den USA an den Jahrestagungen des Internationalen Währungsfonds und der Weltbank teil. Mein Vorgänger im Amt, Helmut Schmidt, hatte mir bei der Amtsübergabe gesagt, dass unter seiner Ägide eine große Steuerreform erarbeitet worden sei. „Du musst dich darum nicht kümmern."

Sie tritt zum 1. Januar 1975 in Kraft und wird beachtliche Steuerentlastungen für die Lohn- und Einkommensteuerzahler bringen. Das stimmt zwar. Doch der Teufel liegt wieder einmal im Detail. Die unterhaltspflichtigen geschiedenen Väter haben keine Vorteile, eher Nachteile. Die mitarbeitenden Ehefrauen erhalten automatisch auf ihrer Lohnsteuerkarte die Klasse 5, ihre Ehemänner die Steuerklasse 3. Dort landen nun alle Steuervorteile des Ehepaares. Eine kräftige Entlastung, die nur wenige ihrer Frau mitteilen. Dafür stellen die Ehefrauen Ende Januar 1975 fest, dass sie statt der angekündigten Entlastung kräftig draufzahlen. Ein Sturm der Entrüstung bricht los.

Die Kommunikation zwischen Washington und Finanzministerium ist zu dieser Zeit nicht so nahtlos wie heute. Doch das Rumoren dringt schon an meine Ohren. Aber Nachfragen in Bonn unterlasse ich. Das Ministerium sagt auch nichts. Und so komme ich in Bonn an und weiß von nichts. Friedrich Nowotny von der ARD fängt mich ab. Er erwischt mich kalt. Er konfrontiert mich mit dem Sturm der Entrüstung über unsere Steuerreform. Ich weiß nicht weiter. Da tritt mich das Pferd!

*

Ostern 1978 macht Ingrid mit Freunden Urlaub auf Ischia. Ich fliege über die Festtage hin. Im Halbdunkel springe ich in den Pool mit einer Arschbombe, aber auf der flachen Seite. Ich breche mir ein Bein. Die Bildzeitung doppeldeutig: Warum hat er keinen Kopfsprung gemacht? Das Bundeswehrkrankenhaus in Koblenz flickt mich zusammen. Nun laufe ich auf Krücken durch die Landschaft.

Anfang Mai humpele ich nach Munster. Dem neuen Minister wird vorgeführt, was die Bundeswehr kann. Danach spreche ich mit Wehrpflichtigen und Zeitsoldaten über ihre Sorgen – Kosten der Heimfahrt am Wochenende, Besoldung, Unterkunft und Verpflegung. Da mir das Stehen auf meinen Krücken schwerfällt, setzen wir uns auf den Rasen. Die Generale bleiben stehen. Da fragt mich die Presse hinterher, warum sie stehen geblieben sind. Antwort: „Sie hatten sicherlich Angst, ihre Hosen schmutzig zu machen."

Da sind sie sauer.

*

Anfang 1991 beginne ich mit meinen Vorlesungen an der Universität Rostock. Die Universität stellt uns kostenlos ein Appartement zur Verfügung in einem Plattenbauhochhaus in Rostock-Evershagen. Das Mobiliar ist lädiert, das Interieur schmuddelig, der Straßenlärm bestialisch. Das Türtelefon klingelt die ganze Nacht, weil Mitbewohner ins Haus wollen und uns bitten, auf den Summer zu drücken. Dazu kommen unsere Mitbewohner, die Kakerlaken. Sie sind überall und fressen selbst unsere Speikseife.

Ich spreche mit der Bildzeitung über meine Arbeit in Rostock, lobe die Arbeit an der Uni und die fleißigen und wissbegierigen Studenten, schildere aber auch unsere Arbeits- und Wohnbedingungen. Ein typischer Bildzeitungsartikel folgt. Bösartig ist er nicht. Der Rektor der Universität ist empört. Er spricht von einer westdeutschen Verleumdung. Er sei gern bereit, mir die Wohnverhältnisse der Rostocker Studenten vorzuführen. Besseres als unser Appartement gebe es nicht. Am liebsten möchte er mich loswerden. Aber er traut sich nicht. Wir ziehen aus und wohnen künftig auf eigene Kosten im Neptun-Hotel in Warnemünde.

Am 19.1.1993 werde ich nach Schwerin bestellt. Steffi Schnoor, die Kultusministerin des Landes, will mir die Urkunde zu meiner Ernennung zum Honorarprofessor überreichen. Nach einer kurzen Zeremonie fragt sie mich, was sich für mich durch diese Ernennung ändern werde? „Bisher kamen Briefe mit der Anschrift Hans Apel, Hamburg stets bei uns an. Wenn es künftig heißt Prof. Dr. Apel, Hamburg, gehen die Briefe zur Universität. Dort kennt man den Adressaten nicht und so gehen sie an den Absender zurück."

Diese Antwort soll witzig sein, ist aber nur dämlich und auch undankbar. Denn ich hatte schließlich Zeit genug gehabt, die Empfindlichkeiten der Ostdeutschen zu studieren.

Warum verhalte ich mich immer wieder so blöde? Als Antwort reicht sicherlich nicht die alte Binsenwahrheit, dass der „alte Adam" immer wieder durchkommt. Von jung an fallen mir immer wieder Antworten und Formulierungen ein, die ich für witzig und spritzig halte. Manchmal sind sie es ja auch. Mich kann niemand bremsen. Alles muss raus. Auch wenn ich mich hinterher mächtig ärgere. Doch vorsichtiger und überlegter werde ich nicht. Es macht doch auch Spaß, wenn es so richtig „scheppert" und ich mir einen „Befreiungsschlag" ausdenken muss.

FC St. Pauli

In der Nazizeit, aber auch im Jahrzehnt danach gibt es für uns nur eine sehr begrenzte Auswahl an sportlichen Aktivitäten: Leichtathletik und Geräteturnen in der Schule, Fußball, Feldhandball oder Boxen im Verein. Von den heutigen Möglichkeiten vom Volleyball über Hockey bis hin zum Tennis haben wir nicht einmal genaue Kenntnis. Wir wissen lediglich, dass es Tennis- und Hockeyvereine für die Reichen in Blankenese und im Alstertal geben soll.

Boxen verliert nach 1945 schnell an Attraktivität. Bei mir sowieso, weil ich beim Boxen während des Schulsports stets ohne ausreichende Deckung zu viel einstecken muss. Auf der Straße können wir sowieso nur Fußball spielen. Und das überall, weil wir in diesen Jahren kaum von fahrenden Autos gestört werden. Zwei Tore, die Torpfosten mit Jacken oder Mützen markiert, und schon kann es losgehen. Wenn unsere Eltern nicht aufpassen, opfern wir fürs Fußballspielen alles, auch das letzte Paar Schuhe, das wir noch haben. Mein Vater erwischt mich 1947 dabei, als ich mit seinen Lackschuhen kicke, die noch aus der guten alten Vorkriegszeit stammen.

Kollektiver Mangel herrscht an Bällen. Über viele Monate spielen wir mit einem mittelgroßen Gummiball mit einem Riss. Wir stopfen ihn mit Zeitungspapier aus und kleben den Riss immer wieder mit Leukoplast zu. Daran gibt es keinen Mangel. Bis der Ball hin ist, läuft das Spiel. Dann rettet uns ein alter Tennisball. Mädchen dürfen mitspielen, wenn sie nicht zickig sind.

Aber Jugend braucht auch für Straßenfußball Vorbilder. Für uns Barmbeker Jungs finden wir sie bei der Barmbeker-Sport-Gemeinschaft. Im Zweiten Weltkrieg wird die Durchführung des Punktspielbetriebes für die „normalen" Fußballvereine immer schwieriger. Ihre Spieler werden eingezogen und stehen ihren Vereinen nicht zur Verfügung. Wenn sie auf Heimaturlaub sind, melden sie sich. Doch ein eingespielter Kader kommt so nicht zustande. Die Vereine schließen sich zusammen, um ihre verfügbaren Fußballspieler besser einsetzen zu können. So entsteht aus vier Vereinen die Barmbeker SG. Im Februar 1943 ruft Joseph Goebbels den totalen Krieg aus. Ende September 1944 kommt es zur Gründung des Volkssturmes. Nun werden Männer bis zum 60. Lebensjahr eingezogen, die 16-Jährigen werden Flakhelfer. Es bleibt bis zum jeweiligen Spielbeginn offen, ob elf Mann antreten können.

In Barmbek kommt hinzu, dass dieser Stadtteil durch die anhaltenden Bombenangriffe schwer mitgenommen ist und deshalb viele Menschen weit weg im Umland leben müssen. Dennoch ist die Barmbeker SG unser Verein. Unsere Hoffnung ist, dass die SG nach dem Krieg zusammenbleiben würde und so ein leistungsstarker Barmbeker Fußballverein entsteht. Doch so kommt es nicht. Alle Vereine nehmen ihren selbstständigen Fußballbetrieb wieder auf.

Ganz anders ergeht es im Zweiten Weltkrieg den Klassefußballern. Sie müssen nicht an die Front. Sie werden vor allem in Heimatstandorten der Wehrmacht sicher geparkt. Und so hat der Luftgau Hamburg, auf dessen Gelände in Hamburg-Blankenese heute die Führungsakademie der Bundeswehr residiert, eine erstklassige Mannschaft, den Luftwaffen-Sport-Verein. Erst im Endspiel der letzten deutschen Meisterschaft im Jahre 1944 unterliegt der LSV im Berliner Endspiel dem Dresdner SC, 4:0 verloren, aber doch immerhin deutscher Vizemeister. Zweimal nimmt mich mein u.k. gestellter Onkel mit zu den Spielen des LSV.

Diese Spieler können nach Kriegsende zu ihren Vereinen in die westdeutschen Besatzungszonen zurückkehren. In die sowjetisch besetzte Ostzone wollen die wenigsten. Viele

Klassefußballer wollen weg und in den Westen gehen. Das ist die Stunde des FC St. Pauli. Der Verein hat einen Nationalspieler namens Karl Miller, aber ansonsten keine nationale Bedeutung. Sein Vater hat in Hamburg eine Schlachterei. Sattwerden ist garantiert. Und so kann Karl Miller Kollegen zum FC St. Pauli bringen, vor allem vom Dresdener SC und aus Berlin. Plötzlich ist St. Pauli eine Fußballmacht.

Nach dem Ende des Zweiten Weltkrieges müssen wir uns neue Vorbilder suchen, denn die Barmbeker SG löst sich auf. Zur Auswahl stehen der neue und alte HSV und der neue Stern am Fußballhimmel, der FC St. Pauli. Etwa die Hälfte unserer Straßenkicker ist für den HSV, die andere für den FC St. Pauli. Als mein schulischer Antipode Rolf Ebeling in den HSV eintritt, muss ich Mitglied des FC St. Pauli werden. Das liegt auch deshalb nahe, weil die Familie meines Vaters aus St. Pauli kommt. Und ich hatte damals dort auch ein Vorbild, den Läufer Hänschen Appel, der nach Kriegsende aus Berlin zum Verein gestoßen war. Immer wieder habe ich mich damals über das fehlende zweite „p" in meinem Namen geärgert.

Als ich mich beim Verein melde, habe ich nur ein Paar alte Turnschuhe, keine Fußballstiefel. Und so lande ich zwangsläufig in der Handballabteilung des FC St. Pauli. Damals spielen wir Feldhandball. Das Spielfeld entspricht der Größe eines Fußballfeldes. Vor beiden Toren gibt es einen Strafraum, der nicht betreten werden darf. Ein Mittelfeldspiel gibt es nicht. Der Ball wird vom Tor abgeworfen oder aber vom Mittelfeldanstoß ins Spiel gebracht. Und dann rennen wir in Richtung gegnerisches Tor. Meine Fußballkarriere als Handballer endet schnell und ohne Höhepunkte.

Das ist eine merkwürdige Zeit. Drei Fixpunkte bestimmen unseren Sonntag: Zur Kirche gehen, die Gräber meiner Mutter und meiner Großeltern besuchen und pflegen, zum Fußball zu St. Pauli gehen. Mein Vater und ich müssen mindestens eine

Stunde vor Spielbeginn im Stadion sein, um noch einen passablen Stehplatz zu ergattern. Nach dem Spiel sind wir fix und fertig, ich dazu noch stockheiser. Und dann gehen wir quer über die Budapester Straße in Richtung Rendsburger Straße zu Tante Friedel und Onkel Paul, dem Pflegebruder meines Vaters. Sie haben genug zu essen. Der Schwarzmarkt auf St. Pauli macht es möglich. Es gibt Kartoffelpuffer in Fischöl gebraten. Satt und zufrieden, falls St. Pauli gewonnen hatte, fahren wir abends mit der Hochbahn zurück nach Barmbek.

Als ich 1965 in den Deutschen Bundestag gewählt werde, schließe ich mich seiner Fußballmannschaft an. Besonders während der großen Koalition von 1966 bis 1969 können wir intensiv Fußball spielen. Man braucht uns nicht im Plenum bei diesen Riesenmehrheiten. Es ist wie im Plenum des Bundestages: Manfred Wörner von der CDU spielt Rechtsaußen, ich linker Verteidiger. Als Minister habe ich dazu keine Zeit mehr. Aber ab 1978 gründe ich auf der Hardthöhe ein Team. Mittwochs ab 20.00 Uhr wird gekickt. Dabei sind: der Leiter Planungsstab, der Pressesprecher, Fahrer, Köche ... Wenn wir nicht untereinander spielen, treten wir gegen Bundeswehrteams an. Das ist effektiver als mancher Truppenbesuch des Ministers.

Doch damit nicht genug. Vorher hatten wir schon 1974 in Hamburg unseren eigenen Fußballverein gegründet mit Namen „Hans Apel und Consorten". Meine Mitspieler sind buntgewürfelt: Jürgen Werner, Altnationaler und ehemaliger Ligaspieler des HSV, Hamburger Politiker, örtliche Honoratioren und meine Bewacher vom BKA. Die Bosse des BKA wissen schon, dass sie mir nur passable Fußballer schicken dürfen.

Wir spielen aus Freude am Fußball und gegen entsprechende Freundschafts-Mannschaften. Doch wir nehmen jeden Auftritt bierernst. Als ich 1976 zum Oldenburger Grünkohlkönig „gewählt" werde, besuche ich meine „Residenz" nicht mit dem gewünschten Pomp, sondern mit „Hans Apel und Consorten". Wir treten gegen den Rat der Stadt an. Wir spielen vor vollem Haus. Daraus wird eine Tradition. Als wir 1978 erneut in Oldenburg antreten und in Grün-weiß die Umkleidekabine verlassen, springt ein General in voller Uniform auf mich zu und meldet: „Herr Minister, ich melde Ihnen den Standort Oldenburg, keine besonderen Vorkommnisse."

Viel Beifall von den Rängen.

Doch es gibt auch peinliche Zwischenfälle. Bei einem Fußballturnier 1979 in Eutin, sage ich zum Schiedsrichter nach einer Fehlentscheidung: „Was wir nach dem Spiel mit Ihnen machen, müssen wir uns noch überlegen."

Er zieht die Rote Karte und gibt sie einem meiner Mitspieler. Nach dem Spiel befrage ich ihn. Seine Antwort: „Ich kann doch einen Bundesminister nicht vom Platz stellen."

Doch aus der SPD will er nun austreten. Ich sage ihm, dass ich doch nicht ahnen könne, dass sich unter seiner schwarzen Verkleidung ein Roter verberge. Und ich entschuldige mich. Wir trinken einen, auch mehrere. Und alles kommt wieder ins Lot.

Unsere anhaltende Liebe gehört aber dem FC St. Pauli. Meine Freundin hatte ich ganz zu Beginn unserer Beziehung mit zu einem Spiel des Vereins genommen. Ein Freundschaftsspiel gegen Rapid Wien. Sie klatscht zu den Spielzügen unserer Gäste und sagt mir hinterher, die Fußballer aus Österreich hätten besser ausgesehen und auch gefälliger gespielt. Doch wir können das klären. Und heute sitzt meine Frau viel aufgeregter als ich auf der Tribüne am Millerntor. Wenn es eng wird, sagt sie entnervt: „Ich kann das nicht mehr aushalten."

Da bin ich wenigstens äußerlich wesentlich gelassener.

Es kann nicht ausbleiben, dass ich im Verein Funktionen

übernehme. Ich diene dem Verein als Vizepräsident und später als Vorsitzender seines Aufsichtsrates. Viel Freude macht das nicht. Es geht bei den Funktionären des Vereins viel zu viel um Eitelkeiten und Selbstdarstellung und viel zu wenig um Sachverstand und saubere Finanzplanung. Wie überall im Fußball.

Meinen Abschied von einer Leitungsfunktion im Verein damals als Aufsichtsratsvorsitzender nehme ich im Jahre 1998. Die Mitgliederversammlung soll durch einen Antrag aus dem linken Spektrum beschließen, unserem Stadion einen neuen Namen zu geben „Millerntor Stadion". Der Name „Wilhelm-Koch-Stadion" soll verschwinden, weil dieser ein alter Nazi gewesen sei und sich am jüdischen Eigentum bereichert habe.

Ich setze eine Vertagung des Beschlusses durch und bitte einen angesehenen Historiker der Uni Hamburg, ein Gutachten zu Wilhelm Koch zu erstellen. Seine Arbeit begleitet unser Ehrenmitglied des Vereins, der Vorstandsvorsitzende des Deutschen Ring, Hans Grutschus.

Das Gutachten ist ein Zeitdokument. Deshalb gebe ich seine Kernaussagen wieder:

Die Übernahme des Handelsunternehmens Arensberg & Sekkel.
„Nach der Machtübernahme der Nationalsozialisten, dem Aprilboykott 1933 gegen jüdische Einzelhandelsgeschäfte und der Verabschiedung erster antijüdischer Gesetze wanderten Emil Arensberg und Jacques Sekkel im August 1933 nach Stockholm aus. Am 27. September 1933 hatten Arensberg und Sekkel durch Beschluss einer Gesellschafterversammlung Wilhelm Koch und Hugo Scharff zu alleinigen Geschäftsführern der Arensberg & Sekkel GmbH bestellt und ihre eigene Geschäftsvertretungsbefugnis aufgegeben. Wenige Monate später, am 28. April 1934, übernahmen Koch und Scharff die

Gesellschafteranteile in Höhe des Nominalwertes von jeweils 10.000 Goldmark und sicherten den jüdischen Alteigentümern außerdem vertraglich einen jährlichen Gewinnanteil von jeweils 7,5 % zu." ...

Diese Verpflichtung erfüllen sie, solange das möglich ist.

Und weiter: „Die Emigration der jüdischen Eigentümer bot Koch und Scharff damit die günstige Möglichkeit, sich selbständig zu machen. Dies ist insofern hervorzuheben, als sich vor allem im Außenhandel nach 1933 die Neugründung von Firmen äußerst schwierig gestaltete, weil die Importquoten, Kontingent- und Devisenzuteilungen einseitig die bestehenden Unternehmen begünstigten und dem Außenhandel zu einem staatlich regulierten ‚closed shop' machten, der Nachwuchskaufleuten eine Firmengründung erschwerte. Zweifelsohne haben Koch und Scharff damit indirekt von der durch die politischen Verhältnisse motivierten Emigration der Eigentümer profitiert."

Wenige Zeilen weiter heißt es: „Nichts spricht jedoch dafür, dass sich Koch und Scharff bei der Übernahme der Gesellschaftsanteile bereichert, die jüdischen Eigentümer geschädigt oder ein moralisch fragwürdiges Geschäftsgebaren an den Tag gelegt hätten. Alle Indizien deuten vielmehr auf ein enges, ja freundschaftliches Einvernehmen zwischen jüdischen Alteigentümern und ihren Prokuristen bzw. Nachfolgern hin ..."

„Emil Arensberg und Jacques Sekkel haben nach 1945 weder einen Wiedergutmachungsantrag noch einen Restitutionsantrag für ihr Unternehmen gestellt. Sie haben damit weder eine Rückgabe des Unternehmens, noch eine Kaufpreisnachzahlung, noch eine Gewinnanteilsnachzahlung für notwendig gehalten ... Wären Arensberg und Sekkel von Koch und Scharff ausgebootet oder hintergangen worden, hätte sich dies nach 1945 zweifellos in einem entsprechenden Restitutionsverfahren niedergeschlagen."

Der Eintritt Wilhelm Kochs in die NSDAP 1937

„Die Machtübernahme der Nationalsozialisten 1933 und die allseitige Einführung und Durchsetzung des sog. ‚Führerprinzips' wirkte sich auch auf die Stellung der Sportvereinsvorsitzenden unmittelbar aus, die nunmehr zu sog. ‚Vereinsführern' mutierten. ... Sie bedurften der Bestätigung durch den zuständigen Gausportführer des Deutschen, später des Nationalsozialistischen Reichsbundes für Leibesübungen, und hatten darüber hinaus für ihre Anerkennung ‚eine vom zuständigen Hoheitsträger der Partei (Gau- oder Kreisleiter) einzuholende Unbedenklichkeitsbescheinigung' vorzulegen. Damit waren die ‚Vereinsführer' vom Wohlwollen regionaler NSDAP-Funktionäre abhängig, gehörten sie zu jenen ‚gesellschaftlichen Funktionsträgern', die besonderer politischer Kontrolle und politischen Erwartungen unterlagen, die zum Beispiel durch einen Eintritt in die NSDAP erfüllt werden konnten."

„Am 5. Juli 1937 trat Wilhelm Koch der NSDAP bei und erhielt die Mitgliedsnummer 4058424. ... Kochs Parteibeitritt war Teil eines Masseneintrittes von ungefähr 1,5 Millionen Personen."

„Die vorliegenden Indizien sprechen nicht dafür, dass Koch seinen Parteibeitritt aufgrund ideologischer Überzeugung im Allgemeinen und einer nationalsozialistischen Gesinnung im Besonderen vollzogen hat. Seine Parteiakte im Bundesarchiv Berlin, die stark auf eine sog. ‚Karteileiche' hindeutet, besteht lediglich aus dem Anmeldeformular und einer Karteikarte, auf der außer Namen, Adresse und Mitgliedsnummer keine weiteren Angaben verzeichnet sind. Soweit aus unseren Quellen ersichtlich wird, hat Koch zu keinem Zeitpunkt eine Funktion in der NSDAP ausgeübt noch lässt sich überhaupt irgendeine Aktivität Kochs in der Partei nachweisen."

„Nach den Aussagen der älteren Vereinsmitglieder sei die

Parteimitgliedschaft Kochs im Verein niemals spürbar gewesen, habe Koch niemals das Parteiabzeichen getragen."

Angesichts dieser Feststellungen des vorgelegten Gutachtens sehen Präsidium und Aufsichtsrat des FC St. Pauli keinerlei Handlungsbedarf. Wilhelm Koch hat sich, wie die Gutachter im letzten Satz feststellen, „allenfalls als fußballbegeisterter Unternehmer, nicht aber als politischer Zeitgenosse" hervorgetan.

Doch die Mehrheit lässt sich nicht beirren. Die großen Verdienste von Wilhelm Koch, insbesondere nach 1945, seine makellose Vergangenheit werden vom Tisch gewischt. Dass er als Vorsitzender des FC St. Pauli jahrzehntelang dem Verein mit seinem Vermögen und seiner Arbeitskraft gedient hat, zählt nicht. Die linken „Rotznasen" und ihre opportunistischen Mitläufer beschließen mit Mehrheit, den Namen von Wilhelm Koch zu tilgen. Da tritt mit mir die Mehrheit der Aufsichtsräte zurück. So können wir die schlimmen zwölf Jahre nicht aufarbeiten.

Doch wir bleiben überzeugte St. Paulianer. Im Jahre 2005 erhalten Ingrid und ich vom Verein einen Brief. Man informiert uns, dass man uns beiden auf der Jahreshauptversammlung im Herbst mit der silbernen Ehrennadel für unsere 25-jährige Mitgliedschaft ehren wolle. Ich rufe beim Verein an: „Eure Buchhaltung stimmt nicht. Meine Frau ist erst seit 10 Jahren im Verein, ich – wenn man ab meinem Wiedereintritt rechnet –, gut 40 Jahre."

Antwort: „Kommt doch hin, 10 Jahre plus 40 Jahre durch zwei macht 25 Jahre."

Typisch St. Pauli! Doch wir lassen uns darauf nicht ein.

Es ist ein etwas anderer Verein! St. Pauli feiert im Ballsaal der neuen Südtribüne die Weihnachtsgala 2008. Wir sitzen auf Holzbänken und an Klapptischen, wie wir sie von Gartenfesten kennen. Dazu ein lahmes Programm aus dem Tivoli von Corny Littmann. Da gehen wir. Unseren Obolus für die Vereinskasse hatten wir schließlich errichtet. Zum Abschied und fürs Weihnachtsfest gibt man jedem von uns ein Päckchen. Auf der einen Seite unser Vereinsemblem in Hochglanz, auf der anderen Seite eine aufreizende Nackte, ebenfalls in Hochglanz.

Zuhause öffnen wir dieses Gebinde. Inhalt: drei Kondome, eine Flasche Massageöl, Kitzelpuder für Oralsex, eine Broschüre für „das Stellungsspiel" beim Sex und eine Art Zwinge für einen besonderen Körperteil. Ich rufe am Millerntor an und frage, was das solle? Sie halten das für witzig. Das sagt uns auch unsere Tochter Hanne. Silvester haben sie sich mit ihren Freunden mit diesen Gaben des Vereins, insbesondere mit der „Zwinge" auf den Nasen, mächtig amüsiert. Wir sind wohl doch zu alt für solche Späße.

Bleibt die Frage, was uns beide, aber auch viele Millionen Fans an ihren jeweiligen Verein bindet? Denn natürlich wissen wir, dass hinter dem Fanbetrieb Kommerz ohne Ende steht. Von der Vermarktung der Fanartikel, über die Millionen aus den Fernsehrechten bis hin zum sogenannten Spielermarkt.

Meine vielfältigen Kontakte zu den Fans des Vereins, die zu Tausenden zu den Auswärtsspielen des FC St. Pauli reisen, haben mir gewisse Einsichten gegeben. Diese jungen Leute sind keine Penner, sondern Menschen, die noch zur Schule gehen, eine Lehre machen oder schon im Beruf sind. Der Verein ist für sie eine Quelle individueller Bindung, auch Identifikation. Er hilft ihnen, aus ihrer Isolierung herauszukommen. Nicht umsonst singen sie am Millerntor „you never walk alone". Viele von ihnen spielen im Verein Fußball oder unterstützen den Verein durch aktive Mitarbeit.

Deshalb ist es auch so wichtig, dass der Verein Kommerz und „Idealismus" in einem labilen Gleichgewicht hält. Ich weiß, dass das immer schwieriger wird, denn St. Pauli muss sich im bezahlten Fußball behaupten. Bisher hat die Vereinsführung diesen Spagat geschafft. Nun wird ein neues Stadion gebaut. An die Stelle uralter Tribünen mit klapprigen Sitzen tritt die „neue Zeit" in Form von modernen und gepolsterten Klappsitzen, großzügigen Aufgängen und sauberen Toiletten in ausreichender Zahl.

Neu ist der sogenannte „Business Bereich", dazu einzelne Logen, die es seinen „Bewohnern" bei Kälte und anderer Unbill erlauben, sich von ihrem „Balkon" in ihre vollverglaste Loge zurückzuziehen. Nun können sie im Trockenen zuschauen und jubeln.

Der Platz im Businessbereich kostet für eine Spielzeit einige tausend Euro. Eine Mahlzeit im Foyer (Ballsaal) und Bier bzw. Softdrinks ohne Mengenbegrenzung sind im Preis enthalten. Biertrinken am Platz und „St. Pauli" … brüllen macht augenscheinlich viel Pläsire.

Die Oberfinanzdirektion macht es möglich. Die „Kunden" im Business-Bereich können einen Teil der Platzmiete von ihrer Steuer absetzen. Die Speisen und Getränke laufen als Bewirtung von Geschäftsfreunden Und so tummeln sich dort fast ausschließlich Selbstständige.

Warum hängen Millionen an ihren Vereinen? Pilgern am Wochenende in die Stadien, brüllen sich die Lunge aus dem Leib und verkleiden sich mit teuren Fanartikeln. Mir schenken sie zu meinem Geburtstag einen teuren Toaster, der auf das Toastgut das St. Pauli-Emblem einbrennt. Für viele ist ihr Engagement für ihren Verein keineswegs eine Eintagsfliege. Und sie versuchen auch, von den Rängen aus über Sprechchöre und Spruchbänder mitzumischen. Da wird das Präsidium aufgefordert, den Trainer zu feuern. Die eigene Mannschaft hört die Sprechchöre „kämpfen" oder „aufwachen", schlimmstenfalls „aufhören". Der Gegner wird sowieso verbal niedergemacht.

Und wenn das Spiel gewonnen wird, haben „wir gesiegt".

Wenn nicht, kann geschimpft werden. „Wofür bekommen die eigentlich so viel Geld?"

„Neue Spieler müssen gekauft werden."

Sie haben Gesprächsstoff. Die Medien mischen kräftig mit. In jedem Fall sind die Fans engagiert. Da kann Langeweile nicht aufkommen.

Wenn allerdings ihr Verein wiederholt absteigt und seine sportliche Zukunft trübe ist, dann wird aus dem großen Fanblock ein kleiner Haufen Leidender. Denn auf Dauer bei den Verlierern zu sein, das will man nicht. Das wäre nach meinen eigenen Erfahrungen in den siebziger Jahren auch bei St. Pauli nicht anders.

Natürlich muss man sich fragen, warum sich die Jungen immer weniger durch die traditionelle Jugendarbeit von den Pfadfindern über die Naturfreunde bis hin zu den Falken binden lassen, sie die Kirchen, die Gewerkschaften und die Parteien links liegen lassen. Antworten auf diese Fragen sind nicht leicht zu finden. Und so spielt der Fußball für die Jungen auch eine gesellschaftliche Rolle, die wichtig ist und Identitäten und Bindungen schafft.

Wir beide sind seit Jahrzehnten St. Paulianer, in der Wolle gefärbt. Unsere Stimmung am Wochenende hängt auch davon ab, wie der Verein gespielt hat. Wir beide sitzen auf der Haupttribüne im früheren „Kuchenblock". Vor 60 Jahren habe ich mich mit meinem Vater auf der Stehtribüne gedrängt. Ingrid und ich haben uns bereits Sitzplätze gegönnt. Auch hochschwanger hat sie dort mit ihrem großen Bauch gesessen. Man konnte denken, sie hätte unter ihrem Kleid einen Fußball versteckt. Unsere Sitzflächen bei St. Pauli werden immer edler, unsere Begeisterung bleibt die Gleiche. Im Jahre 2010 feiert der Verein seinen hundertjährigen Geburtstag. Und wir feiern kräftig mit. Und gleichzeitig steigen wir wieder einmal in die erste Bundesliga auf.

Die SPD – meine Partei

Als ich Anfang der fünfziger Jahre darüber räsoniere, ob ich in die SPD eintrete und wozu das gut sein soll, beschäftigen mich Fragen nach den politischen Zielen der Partei nicht. Ich will dort mitmachen, wo man dagegen ist: Gegen die Aufrüstung Westdeutschlands. Mit der Marktwirtschaft à la Ludwig Erhard habe ich dagegen keine Probleme. Ich hatte schließlich persönlich miterlebt, wie sich unser Leben nach der Währungsreform des Jahres 1948 schlagartig verbesserte, als die Bezugsscheinwirtschaft abgeschafft wurde und wir wieder alles kaufen konnten. Mein Vater konnte den Hafen und das britische Nachschublager verlassen und wieder in seinen Beruf als Fachverkäufer für Teppiche und Gardinen zurückkehren. Sein Fleiß und seine Zuverlässigkeit lassen ihn über die Jahre in der Firma über den Filialleiter zum Prokuristen aufsteigen.

Ich finde eine Lehrstelle im Hamburger Ex- und Import und kann frei und ungehindert in meiner Freizeit nach Feierabend meine englischen und französischen Sprachkenntnisse ausbauen. Nach der Lehre finde ich einen neuen Arbeitsplatz als Verkaufskorrespondent eines Mineralölkonzerns. Und so einer will in die SPD eintreten? Meine Umwelt, vor allem mein Vater, reden auf mich ein. Dein beruflicher Aufstieg liegt vor dir. Was willst du in der SPD?

Meine Antwort: Ich will mich engagieren. Mit meiner beruflichen Zukunft hat das nichts zu tun. Politiker will ich nicht werden.

Meine ersten, aber nachhaltigen Eindrücke in der SPD sammle ich vor Ort in meinem Distrikt Barmbek-Mitte. Da versammeln sich im „Ascheimer" – der Kantine der örtlichen Stadtreinigung – gut 50 Genossen zur monatlichen Distrikts-Versammlung. Seit dem Ende des Zweiten Weltkriegs sind schon 10 Jahre vergangen, doch fast alle Genossen haben ihre politische Prägung vor der Nazizeit, also vor 1933, erhalten. Sie sind 50 Jahre alt oder darüber. Sie argumentieren in den Kategorien der Weimarer Zeit. Das brutale Vorgehen der Kommunisten in der SBZ – der sowjetisch besetzten Zone – die Zwangsvereinigung der Partei mit den Kommunisten haben die massiven Vorbehalte der Genossen reaktiviert. Sie sind für sie das, was Kurt Schumacher sagte: „Rotlackierte Nazis."

Und die Genossen können den Einfluss der Kommunisten im Hamburger Hafen, in der Industrie, in den DGB-Gewerkschaften so reduzieren, dass er kaum noch spürbar ist.

In diesem Herbst 1955 ist Kurt Schumacher zwar bereits drei Jahre tot, doch unter seinem Nachfolger Erich Ollenhauer ändert sich kaum etwas an der politischen Ausrichtung der SPD. Es bleibt bei der grundsätzlichen Ablehnung der sozialen Marktwirtschaft von Ludwig Erhard. Die Westbindung, insbesondere die Wiederbewaffnung Westdeutschlands im Rahmen des Nato-Bündnisses werden abgelehnt. Die SPD kämpft mit im Bündnis „Kampf dem Atomtod".

Das ist meine Partei, für die ich mich einsetze. Doch ansonsten habe ich schon Schwierigkeiten, mich mit im Kreise dieser kampferprobten Grauköpfe einzuleben. Klassenkampf, was soll das, was ist das? „Das wirst du schon am eigenen Leibe erleben", sagen sie. Sie verkennen die uns bevorstehende so ganz andere Sozialisierung im Berufsleben. Die zunehmende Knappheit der Arbeitskräfte im Allgemeinen und meine positive berufliche Zukunft nach meinem Studium zeichnen sich bereits damals ab. Doch eines erreichen sie. Ich trete in die Gewerkschaft ein nach dem Motto: Nur so wird man ein in der Wolle gefärbter Sozi.

Es geht auch um die Bonner Politik. Doch da ist das Vertrauen riesengroß, dass es die führenden Genossen richtig machen. Genauer wird schon hingeschaut, wie es in Hamburg läuft. Die Stadt ist im Wiederaufbau. Die Trümmer und die Ruinen verschwinden. Der Hafen läuft wieder. Die Werften boomen. Da ist man stolz auf seine Partei, auf Max Brauer, Paul Nevermann und Walter Schmedemann.

Wir sind die Hamburg Partei, so sagen wir. Vor Ort in Barmbek kümmern wir uns um die lokalen Probleme. Viele Hausmeister sind in der Partei. Sie helfen mit, uns auf die Sorgen der Bürger aufmerksam zu machen. Viele Wähler, die bei den Bundestagswahlen Adenauer wählen, geben uns bei den Bürgerschaftswahlen und zur Wahl der Bezirksversammlung Hamburg-Nord komfortable Mehrheiten.

Ich werde Unterkassierer. In den Häusern, die den Feuersturm der Bombenangriffe überlebt haben, gibt es eine Faustregel: Bei sieben von zehn Mietwohnungen kann angeklingelt werden. Dort wohnt ein Genosse. Die restlichen drei werden gemieden, einmal alter Nazi, einmal Kommunist, einmal parteilos. Die Genossen geben mir einen Rat: „Möglichst keinen Köm trinken. Mit dem kommst du nicht weit."

Doch mit dem Schnaps habe ich keine Probleme. Die Genossen wollen mit mir, dem Barmbeker Neugenossen, reden. Da erfahre ich viel, auch wenn das viel Zeit kostet.

1957 mache ich für Helmut Schmidt in seinem Wahlkreis Hamburg-Nord Wahlkampf. Ihn sehen wir kaum. Wir Jungen kleben Wahlplakate, stellen sie auf, reparieren sie. Und bewachen sie nachts. Einmal erwischen wir zwei, die unsere Stellschilder in den Goldbekkanal geworfen hatten. Das wird ohne Polizei geregelt. Sie müssen sich bis auf ihre Unterhosen ausziehen, in den Kanal springen und unsere Stellschilder bergen. Nachts gegen 22.00 Uhr stelle ich mit Ruth, Helmuts Bonner Sekretärin, auf der Alsterkrug-Chaussee Stellschilder auf. Sie werden mit Bindedraht an die Straßenbäume festgebunden. Sie legt die Drahtrolle auf den Fahrradweg, um mir zu helfen. Prompt fährt ein Fahrradfahrer hinein. Ein Sirren und die

Drahtrolle sitzt in seinen Speichen. Wir müssen ihn „losschneiden" und haben nun Hunderte von kleinen Drahtstückchen. So kämpfen wir damals für den freiheitlichen Sozialismus.

Für die jungen Sozialdemokraten, die Jungsozialisten, findet in jedem Winter die sogenannte Winterschule statt. An sieben Wochenenden von Freitagabend bis Sonntagnachmittag sind wir, Ingrid ist zwar nicht in der Partei, aber Jusine, in Hohenbuchen im Alstertal und werden über die Parteigeschichte und die politischen Ziele der SPD instruiert. Ein sozialdemokratisches Urgestein und ehemaliger Landesschulrat, Johannes Schuldt, ist einer unserer Lehrer. Das ist „Weimar pur", der Kampf gegen die Nazis und die Kommunisten. Das Ganze in marxistischer Sauce. Dazu Kurt Schumachers Kampf für die deutsche Einheit und gegen Westbindung und Wiederaufrüstung. Wir machen mit, lernen aber eigentlich nichts über die Politik für diese Jahre. Doch diese Wochenenden mit vielen Jugendlichen sind für alle in dieser ereignisarmen Zeit etwas Besonderes. Wir haben viel Spaß. Als verheirateter Jusogeschäftsführer habe ich mit Ingrid ein Doppelzimmer im Parterre. Um 22.00 Uhr wird die Haustür fest verschlossen. Und so müssen alle Spätheimkehrer über unser Fenster und Schlafzimmer heimkehren. Wir sind zwar müde. Aber alle lachen leise. Damit die Heimeltern nicht wach werden.

An der Universität setzt sich Professor Ortlieb, mein späterer Doktorvater, kritisch mit dem Marxismus auseinander. Damals sind wir in seinem Hauptseminar noch gut 20 Teilnehmer. Schnell begreife ich, wie wenig wir mit unserem marxistischen Wissen aus der Jusowinterschule anfangen können. So mache ich für die Winterschule des folgenden Jahres einen eigenen Kursus auf: „Wirtschaftspolitik heute."

Auch mein Wissen aus den Vorlesungen von Karl Schiller hilft mir. Ohne Absicht helfe ich vor Ort mit, den neuen Kurs der SPD möglich zu machen.

Helmut Schmidt gibt sich in diesen Jahren mit uns Jungen in Hamburg viel Mühe. Er will uns von unseren pazifistischen Eierschalen befreien und unseren Verstand öffnen für die wirtschaftpolitischen Realitäten der Zeit. Geduldig sitzt er mit uns zusammen, raucht zusammen mit Loki eine Zigarette nach der anderen und hört sich unsere blauäugigen Sentenzen an. Und so macht er uns zumindest nachdenklich. Herbert Wehner macht das auf seine Weise. Als ich ihm auf einer Jusokonferenz widerspreche, brüllt er los: „Ein Sozialdemokrat scheißt nicht ins eigene Nest." Und das war's dann.

Die deutlichen Wahlniederlagen der SPD bei den Bundestagswahlen 1949, 1953 und 1957 und die Realitäten hatten den Widerstand der alten Linken so geschwächt, dass es möglich wird, schrittweise den Weg zu einem neuen Grundsatzprogramm der SPD, dem Godesberger Grundsatzprogramm des Jahres 1959, zu gehen. Klassenkampf, Planwirtschaft und Marxismus sind nun nicht mehr Ausgangspunkt und Basis der SPD-Wirtschaftspolitik. Dem Wettbewerb wird, wenn auch in Grenzen, vertraut. Für mich von besonderer Bedeutung ist im neuen Grundsatzprogramm, dass nun die christliche Ethik als eine der Grundlagen des freiheitlichen Sozialismus anerkannt wird.

Möglich wird diese Wende aber nur, weil sich die sozialdemokratischen Spitzenpolitiker wie Willy Brandt und Herbert Wehner, Heinrich Deist und Karl Schiller, Carlo Schmid und Fritz Erler beherzt und ohne Zögern für diesen Paradigmen-Wechsel einsetzen. Wahlniederlagen allein bewegen die Partei nicht. Dazu ist das ideologische Beharrungsvermögen einer solchen Großorganisation zu stark. Und die alten „Fürsten" wollen nicht kampflos abtreten. Die vielen Opportunisten aber kämpfen nicht. Die Funktionäre sind träge. Und doch wird das Godesberger Grundsatzprogramm mit großer Mehrheit beschlossen.

Ich arbeite in diesen Jahren als Beamter des Europäischen Parlaments und Sekretär des Wirtschafts- und Finanzausschusses des Europäischen Parlaments mit Heinrich Deist, dem Ausschussvorsitzenden, von 1961 bis zu seinem Tode im Jahre 1964 eng zusammen. Die marxistische Ideologie scheint in der SPD überwunden zu sein. Doch rund 15 Jahre später feiert sie bei den Linken der SPD und den Jusos fröhliche Urstände.

Die außen- und sicherheitspolitische Wende kommt erst nach der Verabschiedung des Godesberger Programms im Jahre 1959. Am 30. Juni 1960 hält Herbert Wehner in einer als historisch anzusehenden außenpolitischen Bundestagsdebatte eine Rede, die er benutzt, um den drastischen Kurswechsel der SPD zu markieren. Die SPD akzeptiert nun die Nato und die europäische Einigung. Alle vorangegangenen Beschlüsse, wie der Deutschland-Plan oder die Aufgabe der Nato-Bindungen im Interesse der deutschen Einheit werden zu Makulatur. Wehner macht den Weg frei für die spätere Übernahme der Regierungsverantwortung durch die SPD und, was viel bedeutender ist, für Brandts Ost- und Deutschlandpolitik, die schlussendlich in der Wiedervereinigung des Jahres 1989 mündet.

Doch auch in diesem Politikfeld ist der „Sieg" der Realisten in der SPD nur zeitlich begrenzt. Im Jahre 2005 habe ich mich damit in der Veröffentlichung „Entschieden für Frieden – 50 Jahre Bundeswehr" kritisch auseinandergesetzt und stelle u. a. fest: „Von ihrer Gründung bis weit ins 20. Jahrhundert waren die Sozialdemokraten sowohl Protestbewegung als auch Reformpartei. Im Erfurter Programm des Jahres 1891 wurde dieser Widerspruch deutlich. Die damals beschlossenen Forderungen – allgemeines Wahlrecht, Achtstundentag, Verbot der Kinderarbeit, Arbeitsschutz, Erbschaftssteuer – gingen von der grundsätzlichen Reformfähigkeit von Staat und Gesellschaft aus. Die Militärverfassung spielte in der Programmatik der Partei nur eine untergeordnete Rolle. Ganze sechs Zeilen beschäftigten sich im Erfurter Programm mit ihr. Die Armee des Kaiserreichs gehörte zum herrschenden System, das nach der Marx'schen Analyse ohnehin dem Untergang geweiht war. Die wenn auch knappen Aussagen zur Militärverfassung erfolgten daher sicherlich auch mit Rücksicht auf viele Parteimitglieder und Wähler, die, stolz auf ihre Militärzeit, mit einem puren Nein zur Armee nichts hätten anfangen können. So war in Erfurt von der Erziehung zur allgemeinen Wehrhaftigkeit die Rede und von der Volkswehr an Stelle stehender Heere. Eine Volksvertretung sollte die Entscheidung über Krieg und Frieden treffen, sofern die Schlichtung nationaler Streitigkeiten auf schiedsgerichtlichem Wege fehlschlug.

Mit diesen dürftigen Festlegungen ging die SPD in den Ersten Weltkrieg. Am 4. August 1914 stimmte die SPD-Fraktion im Reichstag einstimmig für die Kriegskredite, nachdem sie das Militärbudget in den Jahrzehnten zuvor stets abgelehnt hatte. Ihre Illusionen über die Friedenssicherung durch die internationale Arbeiterbewegung hatten die SPD stets daran gehindert, sich mit den wachsenden Kriegsgefahren realistisch auseinander zu sctzen. Nun waren sie endgültig zerplatzt.

Unter dem Druck des Ersten Weltkrieges zerbrach die SPD. Nach der Niederlage mussten die ‚Mehrheitssozialisten' zunächst die Verantwortung für den von ihnen nicht gewollten bürgerlichen Staat übernehmen. Ihr Aufstieg zur Macht führte sie in eine tödliche Falle, denn auf die Übernahme der Macht waren sie nicht vorbereitet. Immer noch fehlten der Partei realistische Vorstellungen über die Rolle der Streitkräfte im Staat. Der sozialdemokratische Reichswehrminister Gustav Noske wurde schon nach dem Kapp-Putsch im März 1920 nach nur kurzer Amtszeit, obwohl bei den Soldaten durchaus angesehen, von Reichspräsident Friedrich Ebert entlassen.

Damit scheiterte der Versuch, die Reichswehr in eine neue Beziehung zum demokratischen Staat zu bringen. Seither bestimmte General Hans von Seeckt den Kurs der Reichswehr. Selbst 60 Jahre später wirkte die Erinnerung an Noske in der Partei fort. Oft wurde ich während meiner Zeit als Verteidigungsminister in Pamphleten aus dem Gewerkschaftslager als der ‚Genoske Apel' diffamiert. Während der Weimarer Zeit dominierte eine starke pazifistische Grundhaltung gepaart mit einer ausgeprägten Soldatenfeindlichkeit die Partei. Das Heidelberger Programm schloss 1925 in weiten Teilen an das Erfurter Programm an. Die Reichswehr und Fragen der Militärverfassung kamen darin schlicht nicht vor. Dafür wurden die Träume von internationaler Solidarität – die SPD ‚verlangt internationale Abrüstung' – kräftig ausgemalt. Allein daran zeigte sich, wie wenig die SPD von den politischen Existenzbedingungen der Weimarer Republik und den Sehnsüchten vieler Wähler verstand.

Nach der Niederlage 1945 übernahm die SPD endlich den nationalen Part. Sie hatte aus der Geschichte gelernt: Nie wieder sollte den Sozialdemokraten der Vorwurf gemacht werden können, die nationalen Belange seien bei ihnen nicht gut aufgehoben. Bundeskanzler Adenauer hatte es also nicht mit einer ‚nationalen Opposition' von rechts zu tun, sondern mit einer zugleich demokratischen, antikommunistischen und nationalen Opposition von links. Wäre es anders gewesen, hätte sich die Westbindung der Bundesrepublik kaum durchsetzen lassen. So gesehen, war die nationale Rolle der Sozialdemokraten geradezu eine Bedingung der Möglichkeit der übernationalen Politik Adenauers: eine Dialektik, deren sich die Akteure wohl kaum bewusst waren.

Für die SPD hatte diese Richtungsentscheidung am Beginn der Bundesrepublik schwerwiegende politische Konsequenzen. Die Sozialdemokratie Kurt Schumachers hatte tatsächlich einen dreifachen Kampf aufgenommen, dessen Ziele voneinander untrennbar waren: Erhaltung der Integrität des deutschen Staatsgebietes, Gleichheit der Rechte, Entwicklung einer sozialistischen Demokratie. Für die SPD hatte die deutsche Einheit Priorität vor jeder Westintegration der Bundesrepublik. Die westdeutsche SPD stimmte Anfang 1952 gegen die Mitgliedschaft der Bundesrepublik in der Europäischen Gemeinschaft für Kohle und Stahl, weil diese das Ziel der deutschen Einheit relativiere. Weitreichender war das Nein der SPD zu einem westdeutschen Verteidigungsbeitrag. Die Parteiführung und auch die Bundestagsfraktion schlossen zwar zwischen 1949 und 1951 eine deutsche Beteiligung an der Nato unter gewissen Bedingungen nicht grundsätzlich aus, doch die Parteibasis und auch die öffentliche Debatte beherrschte eine leidenschaftliche ‚Ohne-mich-Welle‘. Anfang 1955 wurden die Pariser Verträge im Bundestag gegen die SPD beschlossen. Die SPD verbündete sich mit der außerparlamentarischen Opposition. Das machte es für die Parteiführung noch schwerer, einen Neuansatz in der Außen- und Sicherheitspolitik zu finden. Pazifistische Grundströmungen brachen in den nächsten Jahrzehnten immer wieder auf. Rational wurden sie nic aufgearbeitet, sie lagen abrufbereit im sozialdemokratischen Gemüt. Der ‚Kampf dem Atomtod‘ der Jahre 1957/58, an dem ich als Juso aktiv teilnahm, schürte noch einmal massiv die Emotionen der SPD-Mitglieder und vieler Mitläufer. Ende 1958 legte die SPD unter der Stabführung von Herbert Wehner ihren Deutschland-Plan vor: Abbau der Streitkräfte auf deutschem Boden, keine Zugehörigkeit der deutschen Teilstaaten zu einem Militärbündnis (also Austritt aus der Nato), gesamtdeutsche Wahlen.

Doch die politischen Realitäten und auch die Wähler erzwangen schließlich die große Wende. Das Godesberger Grundsatzprogramm vom November 1959 stellte fest: die

SPD bejaht die Landesverteidigung. Die Bündnisfrage blieb allerdings noch offen. Herbert Wehner erklärte dazu am 30. Juni 1960 im Deutschen Bundestag: ‚Die SPD geht davon aus, dass das europäische und atlantische Vertragssystem, dem die Bundesrepublik angehört, Grundlage und Rahmen für alle Bemühungen der deutschen Außen- und Sicherheitspolitik ist.‘

Wesentlich früher und ungeachtet ihrer scharfen Ablehnung der Adenauerschen Verteidigungspolitik war die SPD 1956 bereit, konstruktiv an der Ausarbeitung der Wehrverfassung mitzuarbeiten. Die SPD setzte das Konzept des ‚Staatsbürgers in Uniform‘ durch. Auf ihre Initiative ging die Institution des Wehrbeauftragten zurück; ebenso das Recht des Verteidigungsausschusses des Bundestages, als Untersuchungsausschuss zu handeln. In der SPD kam es zu deutlichen Protesten, insbesondere über die Zustimmung der Bundestagsfraktion zur Wehrpflicht. Bei der Bundestagsabstimmung über den Einbau der Wehrverfassung in das Grundgesetz stimmten 20 SPD-Abgeordnete mit Nein. Als Helmut Schmidt 1958 zusammen mit anderen an einer Reserveübung der Bundeswehr teilnahm, wurde er dafür mit seiner Abwahl aus dem Fraktionsvorstand bestraft.

Die Formel ‚Sicherheit durch Wiedervereinigung‘ verblasst. Die Politik der Sowjetunion und die von der SED betriebene Politik in der DDR lassen eine schnelle Wiedervereinigung, wenn überhaupt, obsolet werden. Es ging um die Sicherheit der Bundesrepublik und West-Berlins durch das Bündnis, um unseren unabdingbaren Beitrag und das Ja zur Wehrpflicht. Die Partei suchte endlich den Kontakt zur Bundeswehr und ihren Soldaten. Eine besondere Rolle in der Debatte spielte die Frage der nuklearen Bewaffnung. Helmut Schmidt veröffentlichte 1961 sein wegweisendes Buch ‚Verteidigung oder Vergeltung‘. Darin lehnte er das Nato-Konzept der massiven atomaren Vergeltung ab und setzte sich für die Strategie der

,Flexiblen Antwort' ein. Das Kontinuum der Abschreckung musste von der konventionellen Verteidigung über die taktisch-nukleare Abwehr bis hin zur Möglichkeit des strategisch-nuklearen Gegenschlags reichen. Der Bundesparteitag in Karlsruhe 1964 beschloss eine detaillierte Resolution zur Lage in der Bundeswehr. Ende 1965 warnte das Präsidium der SPD ihre Mitglieder und Freunde vor der Unterstützung und der Beteiligung an der Ostermarschbewegung. 1966 erklärte die SPD in ihrem Jahrbuch im Kapitel ,Schutz der Freiheit und des Friedens' u. a.: ,Die SPD betrachtet das Nato-Bündnis als Grundpfeiler der äußeren Sicherheit der Bundesrepublik.' Hinsichtlich der nuklearen Strategie forderte sie eine ,stärkere Beteiligung der Bundesrepublik an Planung und Durchführung'. Die Wege zum erneuten Wahlerfolg 1965 und den Einzug in die große Koalition 1966 waren geebnet."

Doch diese klare Ausrichtung der Außen- und Sicherheitspolitik hält nur ein gutes Jahrzehnt: „Erste Eruptionen zeigten an, dass sich unter der festgefügten Programmatik etwas tat. 1977/78 stellte die U.S.-Regierung das Projekt ,Neutronenwaffe' vor. Es handelte sich um eine sehr kleine Nuklearwaffe, die durch ihre erhöhte Strahlenwirkung die Besatzungen sowjetischer Panzer töten konnte. Waffentechnisch war sie den in Europa gelagerten taktischen Atomwaffen überlegen und eine geeignete Abschreckung gegen die massive Überlegenheit der sowjetischen Panzerarmeen. Egon Bahr, Bundesgeschäftsführer der SPD, bezeichnete die Neutronenwaffe jedoch ,als eine Perversion des menschlichen Geistes', weil sie Menschen töte, aber großflächige Zerstörungen vermeide. Die sich daran anschließende Debatte, insbesondere aber die massiven Proteste der SPD-Gliederungen und dem wenn auch verklausulierten ,Nein' des Bundesparteitags im November 1977 veranlassten die Bundesregierung im Frühjahr 1978, sich nicht eindeutig zu äußern. Erst wenn die amerikanische Regierung die Produktionsentscheidung gefällt hätte, müsse zu einem späteren Zeitpunkt über die Dislozierung in Westeuropa gesprochen werden. Angesichts des Widerstandes in Europa gab die U.S.-Administration im April 1978 das Projekt ‚Neutronenwaffe‘ auf. Auch in Bonn war man ‚erleichtert‘.

Die Partei geht schrittweise auf Distanz zur offiziellen Sicherheits- und Verteidigungspolitik. Sie entdeckt ihre pazifistischen Wurzeln wieder. Georg Leber, Verteidigungsminister von 1972 bis 1978, ist für die Linken in ihrem Sprachgebrauch der Wehrminister, der auf die Entspannungspolitik Willy Brandts keine Rücksicht nimmt. Für den Kanzler Brandt ist Leber ‚unser Soldatenpräsident‘. Das zeugt von wenig Hochachtung, auch wenn das wohl eher witzig sein sollte. Leber ist vielen Entspannungspolitikern mit seiner Forderung nach bündnispolitischer Absicherung der Ostpolitik durch die Stärkung der Bundeswehr ein Dorn im Fleisch ihrer Illusionen. 1975 verweigert ihm die linke SPD in Frankfurt eine erneute Kandidatur in seinem Wahlkreis. Nur über die hessische Landesliste kann der Bundesminister der Verteidigung in den Bundestag zurückkehren.“

*

Doch zurück zu mir und meiner SPD. 1961 beschließt die Sozialistische Internationale, der indischen Praja Socialist Party (Sozialistische Volkspartei) in ihrem Kampf gegen die übermächtige Kongresspartei dadurch zu helfen, dass eine Reihe jüngerer europäischer Sozialisten für drei Monate vor Ort in Indien stationiert wird. Ich bin für Madras vorgesehen. Nach einer gründlichen Vorbereitung fliegen wir los. Wir, das sind „Jusos“ aus Deutschland, Frankreich, Großbritannien, Israel und der Schweiz. Als wir in Bombay ankommen, haben sich die indischen Freunde etwas ganz anderes ausgedacht: Sie teilen uns in zwei Gruppen auf und jagen uns auf unterschiedlichen Routen durchs Land. Sie machen Vorwahlkampf mit „weißen Elefanten". Und so rasen wir drei Monate durch Indien. Wir leben bei Parteimitgliedern, meist Angehörige der höheren Kasten. Wir schlafen in indischen Fernzügen. Tagsüber treten wir auf: in Kinos bei sogenannten Intelligentia-Meetings, bei Volksfesten, bei Pressekonferenzen oder bei Mass-Meetings vor Tausenden von Menschen.

Unsere Reden in Englisch werden bei diesen Großveranstaltungen in die jeweilige Landessprache übersetzt. Immer wieder erhalte ich Beifall für Aussagen, die dazu eigentlich keinen Anlass bieten. Da frage ich nach der Veranstaltung nach. Antwort: „Glaubst du wirklich, dass wir das übersetzen, was du sagst?"

Ein großes Problem ist für mich Pierre Mauroy von der französischen SFIO. Er spricht kein Englisch. Bei kleinen Veranstaltungen übersetze ich seine Rede ins Englische. Das geht natürlich nicht bei den Großveranstaltungen. Und so singt er am Ende der Kundgebung mit seinem klangvollen Tenor die Marseillaise. Danach will der Beifall kaum enden. Wir beide bleiben in Kontakt. Er wird Bürgermeister von Lille und ist von 1981 bis 1984 französischer Premierminister.

Die SPD kann 1961 bei den Bundestagswahlen zulegen. Ihr Wähleranteil steigt von 31,8 auf 36,2 Prozent. Das reicht zwar nicht, um die Oppositionsbänke zu verlassen. Doch der Wähler zeigt an, dass der Kurswechsel der SPD positiv registriert worden ist. Zwei Millionen neue Wähler entscheiden sich für die SPD. Zum großen Teil Frauen, Jungwähler, Katholiken, Landbewohner und höhere Angestellte. Der Kurs der Partei stimmt. Ende 1963 stirbt Erich Ollenhauer. Willy Brandt wird sein Nachfolger und tritt bei den Bundestagswahlen 1965 erneut als Kanzlerkandidat an. Wir erreichen einen Stimmenanteil von 39,1 Prozent. Rein rechnerisch ist nun für uns eine Koalition möglich. Doch auch die Union legt zu und kommt auf 47,6 Prozent. Erhard bildet erneut eine Koalition mit der FDP. Wir bleiben in der Opposition. Und mir als jungem MdB gefällt das sehr.

Doch dieses „Glück" währt nicht lange. Eine im Nachhinein eher bescheidene Rezession und das Anwachsen der NPD-Stimmen bei Landtagswahlen, der Ärger mit dem Koalitionspartner FDP und dem führungsschwachen Kanzler Ludwig Erhard führen die Union auf den Weg zur großen Koalition. Die Führungsspitze der SPD, vor allem Herbert Wehner, macht alles, um diese einmalige Chance wahrzunehmen. Wir Jungen wollen nicht mit der Union „ins Bett". Und dennoch stimme ich Ende 1966 für die Große Koalition zusammen mit Klaus-Dieter Arndt, Alwin Brück, Ludwig Fellermaier, Karl Haehser und anderen. Wir werden von Klaus-Dieter Arndt vom Deutschen Institut für Wirtschaftsforschung überzeugt. „Die Rezession, die die alte Koalition zum Einstürzen gebracht hat, ist faktisch vorbei. Die Indikatoren zeigen nach oben. Wenn wir jetzt nicht einsteigen, haben es die anderen ohne uns geschafft. Wenn wir in die Regierung gehen, haben wir den Aufschwung erreicht."

Genauso kommt es. Doch für uns normale Parlamentarier wird der politische Alltag nun noch langweiliger. Uns braucht man nicht einmal im Plenum für die Mehrheiten. Zweimal in der Woche spiele ich Fußball in der Mannschaft des Bundestages.

Die große Koalition leistet gute Arbeit. Schiller und Strauß arbeiten eng zusammen. Wir verabschieden das Stabilitäts- und Wachstumsgesetz. Die Notstandsgesetzgebung wird unter großen Schwierigkeiten einvernehmlich verabschiedet. Die Vereinbarungen des Koalitionsvertrages werden abgearbeitet. Nur in einem Punkt macht die SPD nicht mit: ein mehrheitsbildendes Wahlrecht einzuführen. Zu Unrecht wird die anhaltende Übermacht der Union gefürchtet.

Vorerst hat diese negative Entscheidung kaum Konsequenzen. Die Rechtsradikalen scheitern immer wieder an der Fünfprozentklausel. Die FDP entscheidet, wer den Kanzler stellt: von 1969 bis 1982 die SPD, dann für 16 Jahre die Union mit Kanzler Kohl. Die SPD wird bereits ab März 1983 mit den Konsequenzen mangelnder Vorausschau und fehlenden Muts konfrontiert. Die Grünen überwinden ohne Mühe die Fünf-Prozent-Sperrklausel und ziehen in den Bundestag ein. Ihre Stimmen kommen vor allem von der SPD. Heute sorgt die Partei Die Linke dafür, dass der Stimmenanteil der SPD weiter zurückgeht.

Natürlich hätte die geplatzte Wahlrechtsreform des Jahres 1969 nicht die politischen Kräfte eliminieren können, die sich später in den Parteien der Grünen und der Linken entwickelten. Das kann und das darf das Wahlrecht nicht leisten. Diese Kräfte wären aber bei einem Mehrheitswahlrecht nicht in selbstständigen Parteien, sondern vor allem in der SPD wirksam geworden. In jeder Partei wirkt ein existentielles Interesse am Machterhalt. Das dämpft die innerparteiliche Kampfeslust beträchtlich und ermöglicht politische Kompromisse. Die SPD hätte ihren dramatischen Abstieg in der Wählergunst vermeiden können, wäre sie vor 40 Jahren bei der geplanten Wahlrechtsreform nicht so kurzsichtig gewesen.

Die Mehrheit der Partei steht 1971/72 solidarisch zur Bundespolitik, umso mehr, als die Bilanz der Regierung unter Kanzler Kiesinger bei der überwältigenden Mehrheit der Bürger positiv bewertet wird. Doch in der Partei beginnt es zu gären. Auslöser ist die Debatte um die Notstandsgesetze. Denn eigentlich passt den sozialistischen Studenten und den Linken, insbesondere den Jusos die gesamte Richtung nicht mehr. Die 68er-Bewegung steht für einen Rückfall in dynamische, autoritäre und intolerante Haltungen. Sie fordern das imperative Mandat, das das Abstimmungsverhalten aller Mandatsträger fest an den Willen ihrer „Basis" bindet.

Ein neuer Vulgärmarxismus kommt in Mode. Die Proteste der 68er beginnen an den Universitäten, erreichen aber schon bald die SPD, ihre Bildungspolitik und die Sicherheits- und Verteidigungspolitik. Doch in der Partei, abgesehen von solchen Bezirken wie Hessen-Süd oder Schleswig-Holstein bleibt es noch ruhig.

Der Bundestagswahlkampf 1969 findet in einer eigenartig gedämpften Stimmung statt. Die Union können wir nicht frontal annehmen. Schließlich ist sie noch unser Koalitionspartner. Doch Karl Schiller gibt dem Wahlkampf ein Thema: Die Aufwertung der DM. Das gibt uns mit einem so spröden Thema Aufwind.

Das Wahlergebnis ist so sensationell nicht. Die Union verliert nur wenig und kommt auf 46,1 Prozent. Wir legen kräftig zu und kommen auf 42,7 Prozent. Die FDP kommt auf 5,8 Prozent. Die sozial-liberale Koalition wird möglich. Brandt wird Kanzler, Scheel Außenminister.

Noch mehr Genossen verlassen die Fraktion und rücken in die Bundesregierung ein. Da ist es kein Wunder, dass ich am 11. November zu einem der fünf stellvertretenden Fraktionsvorsitzenden gewählt werde.

1970 werde ich auf dem Saarbrücker Parteitag der SPD in den Bundesvorstand gewählt. Ich bin einer der Vertreter des Establishments, gehöre zu den Alten wie Helmut Schmidt, Georg Leber, Alex Möller, Karl Schiller, obwohl ich kaum älter bin als manche der Neulinken. Ihre Ideen, ihre Methoden, ihr Auftreten stößt bei mir auf offene Ablehnung. Ihre Grundhaltung kann nur eins erreichen: die Regierungsfähigkeit der

SPD zu zerstören. Doch in solchen Kategorien können und wollen sie nicht denken. In meinem Wahlkreis gewinnen die 68er nur langsam an Einfluss. Echte Probleme schaffen sie mir noch nicht.

Die alte SPD verändert sich. Das Jahrbuch der SPD 1973 bis 1975 zeigt es auf: 1960 fanden sich unter den neuen Mitgliedern 55,7 % Arbeiter, 21,2 % Angestellte und Beamte. 1972 sind es nur noch 39,6 % Arbeiter, aber 34 % Angestellte und Beamte. Eine Kategorie, die man 1960 noch überhaupt nicht getrennt gezählt hatte: Studenten und Fachschüler machen zwölf Jahre später 15,9 % aus. 1960 betrug der prozentuale Anteil der neuen Mitglieder unter 40 Jahren 55,3 %; 1972 sind es 75,2 %, von denen 19,7 % unter 21 sind. Von der einen Million Mitglieder des Jahres 1972 sind zwei Drittel im Laufe der letzten zehn Jahre der Partei beigetreten. Die SPD ist eine in ihrer Sozialstruktur andere, stark verjüngte Partei geworden.

Neue Lebensstile wirken in die Partei hinein. Die Forderung nach systemverändernden Reformen findet bei den Jungen viel Unterstützung. Der Kommunismus verliert seinen dämonischen Schrecken. Die gesicherte Nato-Strategie der militärischen Abschreckung als Grundlage der Entspannungs- und Friedenspolitik gegen den Osten wird infrage gestellt. Die Speerspitze dieser neuen Politik sind die Jusos. Schrittweise erkämpfen sie sich in der SPD Machtpositionen und weiten ihren Einfluss aus. Helmut Schmidt ist ihr bevorzugter Gegner, die Verkörperung der Rechten in der SPD. Er verlangt von Willy Brandt, dem Parteivorsitzenden, die klare Abgrenzung von solchen Postionen. Doch das kann er angesichts der eingetretenen personellen Entwicklung in der Mitgliedschaft der SPD nicht leisten. Und es widerstrebt ihm auch aufgrund seiner eigenen Erfahrungen. Seine politischen Perspektiven beruhen auch auf Illusionen über den menschlichen Charakter – der Mensch ist gut, die SPD kann die zunehmende Demokratisierung aller Lebensbereiche wagen.

Helmut Schmidt dagegen steht für Rationalität. Das Machbare machen, Grenzen erkennen. Auch in der Demokratie sind politische Zielvorgaben und eine stringente Führung unerlässlich.

Die SPD hat Glück. Der Rücktritt von Willy Brandt im Frühjahr 1974 hat keine krisenhaften Folgen. Mit dem Kanzler Helmut Schmidt vollzieht sich aber dennoch eine unübersehbare Kurskorrektur. Politische Herausforderungen sind zu bewältigen. Fakten zählen. Vom Europa-Staatssekretär im AA wechsele ich in das Finanzministerium als Nachfolger von Helmut Schmidt. Bei den anstehenden Haushaltsberatungen für 1975 gerate ich mit Erhard Eppler, dem Bundesminister für wirtschaftliche Zusammenarbeit, aneinander. Der Kanzler stellt sich auf meine Seite. Eppler geht.

Das hat Konsequenzen. Eppler kommt wie Johannes Rau und Gustav Heinemann aus der Gesamtdeutschen Volkspartei. Wäre Eppler im Kabinett geblieben, hätte er vielleicht den Blick für politische Notwendigkeiten gehabt. Aber nun ist er beleidigt und lässt seinen Ressentiments freien Lauf. Er wird zu einem Wortführer der Linken. Herbert Wehner über Eppler: „der Pietcong", oder: „Ein Christ, der über Leichen geht."

Zusammen mit dem charakterlosen Lafontaine wird er im Kampf um den Nato-Doppelbeschluss eine schlimme Rolle spielen. Er fährt als Spitzenkandidat und Landesvorsitzender der SPD in Baden-Württemberg 1981 eine vernichtende Niederlage ein. Doch das hindert seinen Aufstieg in der SPD zum Friedensfürsten und Ökopapst und Widersacher des Kanzlers keineswegs.

Während wir auf der Bundesebene zusammen mit der FDP eine sachbezogene, durchaus erfolgreiche Politik machen, brennt es in der Partei an vielen Orten. Die Linke setzt auf Landesparteitagen Forderungen durch wie: Investitionskontrollen, Verstaatlichung der Kreditwirtschaft. Die Jusos wollen, dass niemand mehr als 5.000 Mark im Monat verdienen darf. Wortführer der Linken fordern den Austritt aus der Nato und die Kürzung des Verteidigungsetats. Der Kanzler bezeichnet das öffentlich als „Quatsch" und spricht von der „Krise in den Köpfen" dieser Genossen.

Auf den Bundesparteitagen verfügt die Linke in den siebziger Jahren über ein Drittel der Delegierten. Dennoch sind für mich Parteitage schon damals eine Qual. Wir können mit der FDP Reformen verabreden, so die Ausdehnung der Mitbestimmung. Doch für die Linken bleibt das „Glas halb leer". Sie opponieren und liefern unseren politischen Gegnern Argumente. Helmut Schmidt mit seiner Popularität rettet die Koalition 1976 mit einem knappen Sieg. Die SPD kommt auf 42,6 Prozent, die FDP auf 7,9 Prozent. Die Koalition kommt also auf 50,5 Prozent, 3,7 Prozentpunkte weniger als vor vier Jahren. Helmut Kohl und die Union wachsen von 44,8 Prozent auf 48,6 Prozent. Wir können weiter regieren.

Doch die „Rentenlüge" macht das sehr schwer. Arbeitsminister Walter Arendt hatte uns versichert, wir würden bei den Rentenfinanzen auch nach den Bundestagswahlen 1976 keine Probleme bekommen. Eine seiner Annahmen war wohl dabei, die Arbeitslosigkeit würde deutlich zurückgehen und so große Mehreinnahmen in die Rentenkassen spülen.

Ich komme Anfang August 1976 aus dem Urlaub ins Ministerium zurück. Einer unserer Mitarbeiter, eingeschriebenes CDU-Mitglied, solide und verschwiegen, meldet sich bei mir, um mir klarzumachen, dass die Rentenfinanzen auf ein Desaster zusteuern. Ich rufe Helmut Schmidt am Brahmsee an. Per Kurier schicke ich ihm unsere Berechnungen. Arendt und ich werden an den Brahmsee zitiert. Da sitzen wir nun, rechnen und reden. Das Abendbrot im Restaurant des Freiluftmuseums Molfsee schmeckt uns nicht. Denn das Finanzministerium hat recht.

Wir versprechen uns, nichts über diese Misere verlauten zu lassen, sehr vorsichtig zu argumentieren und die massiven Vorwürfe von CDU und CSU einfach ablaufen zu lassen. Ich halte mich daran. Helmut Schmidt packt aber in der Hitze des Wahlkampfes zu. Er erklärt: „Die Renten sind sicher."

Für ihn ist die Kampagne der Opposition verantwortungslos. „Was soll denn diese Angstmacherei, die ich notabene für unchristlich halte", sagt er in der Fernsehdebatte am 1. Oktober 1976. Im Wahlkampf geht der Kanzler noch einen Schritt weiter und fragt öffentlich angesichts des Wahlkampfs der Union: „Was darf in Deutschland noch alles gelogen werden im Namen Jesu Christi?" Die „Rentenlüge" ist geboren.

Nach den Wahlen sitzen wir tagelang im Kanzlerbungalow, um aus dieser Misere rauszukommen. In diesem politisch luftleeren Raum basteln wir ohne politische Rückkoppelung mit der Fraktion eine Lösung, die eine Verschiebung der versprochenen Rentensteigerungen um ein halbes Jahr vorsieht und uns bei Bekanntwerden in der öffentlichen Debatte um die Ohren fliegt. Walter Arendt geht verbittert. Ein Schuldiger ist gefunden. Doch der Vertrauensverlust wirkt nach, auch bei mir.

Um die ausufernden Haushaltsdefizite einzudämmen, hatte ich im Wahlkampf neben einer Fortsetzung der Sparpolitik ohne Widerspruch aus der Koalition eine zweiprozentige Mehrwertsteuererhöhung angekündigt. 1977 wird die Mehrwertsteuer um einen Punkt erhöht. Doch Steuersenkungen – von der Lohnsteuer bis zur Vermögenssteuer – und eine finanzielle Besserstellung der Bundesländer reißen ein neues Loch in die Bundesfinanzen. Es wird mit der Konjunktur begründet, und ich schließe mich nolens volens dieser Argumentation an. Der Kanzler hatte im Koalitions-Kränzchen auf einen weiteren Punkt Mehrwertsteuer ohne mein Wissen verzichtet und wenig später meine Forderungen an die Bundesländer so vollständig vom Tisch gewischt, dass ich an sie sogar noch eine Milliarde DM pro Jahr zu zahlen habe. Dazu der Spiegel: „Noch nie ist ein Regierungschef seit Adenauers Zeiten so übel mit seinem Finanzminister umgesprungen, wie es Helmut Schmidt gleich zweimal in den letzten Wochen tat."

Doch ich muss im Amt bleiben. Sonst hätte nach Alex Möller und Karl Schiller ein weiterer Finanzminister der SPD das Handtuch geworfen.

Anfang 1978 tritt Verteidigungsminister Leber zurück. Brandt, Schmidt und Wehner bedrängen mich, seine Nachfolge anzutreten. Apel zu Schmidt: „Von diesem Amt habe ich keine Ahnung."

Schmidt zu Apel: „Du sprichst mehrere Sprachen, du kennst die internationale Bühne, du begreifst schnell und hast Durchsetzungsvermögen. Du kannst das und machst das." Da fehlt nur noch das Schrödersche „Basta".

Unsere Sorgenkinder sind die hohe Arbeitslosigkeit und die hohen Haushaltsdefizite. Mein Amtsnachfolger Hans Matthöfer geht auch an den Verteidigungetat heran. Das bringt mich als Verteidigungsminister in große Schwierigkeiten. Doch die zentrale Herausforderung erwächst für mich aus dem Nato-Doppelbeschluss. Leitet der Nato-Doppelbeschluss eine neue Dimension in der Rüstungskontrollpolitik ein, ist er eine progressive Entscheidung, wie es viele von uns behaupten? Unsere Argumentation: Zum ersten Male werde eine Vorrüstung, diesmal der Sowjetunion, nicht einfach mit einer Nachrüstungsentscheidung des anderen Militärbündnisses beantwortet. Der Doppelbeschluss gibt den beiden Supermächten und ihren Alliierten vielmehr die Zeit, vor der Nachrüstung über die Beseitigung der Vorrüstung der Sowjetunion möglichst so erfolgreich zu verhandeln, dass nicht mehr nachgerüstet werden muss.

Im Februar 1979 bezeichnet Herbert Wehner in einem NDR-Interview die Rüstung der Sowjetunion als defensiv, auch wenn sie ein größeres Militärpotential habe, als sie zur Verteidigung benötige. Herbert Wehner argumentiert in einem Vieraugengespräch mit mir auf zwei Ebenen. Die eine ist sachbezogen. Hier erkennt er die Probleme in der Nato und im Ost/West-Verhältnis, obwohl er sich bewusst davor bewahrt, durch Sachwissen zu einem kühlen Urteil zu kommen. Auf der anderen Ebene redet er wie in Endzeitstimmung und lässt dabei auch sowjetische Positionen in seine Betrachtungen einfließen. Auf mich wirkt das naiv. Die UdSSR betreibt Machtpolitik. Dem ist mit Gefühlen und historischen Reminiszenzen nicht beizukommen.

Die Debatte um den Nato-Doppelbeschluss berührt das Innenleben der Partei. Entspannungspolitik auf der Basis gesicherter Verteidigungspolitik – diese Formel unserer Sicherheitspolitik noch aus der Zeit des Außenministers Willy Brandt wird von der SPD in ihrer Allgemeinheit akzeptiert. Wenn es dann aber konkret um die Nachrüstung, den Nato-Doppelbeschluss, geht, hört die allgemeine Zustimmung sehr schnell auf.

Es ist klar, dass wir auf unserem Bundesparteitag im Dezember 1979 mit kräftiger Opposition rechnen müssen. Anfang September rede ich auf Versammlungen in Bremen und Nordhessen. Ich spüre es förmlich, wie unangenehm es den Genossen ist, dass ich auch über die Nachrüstung rede. Sie wollen etwas zur Entspannungspolitik hören, doch bitte nicht über die Kehrseite der Medaille. Ich werde gut behandelt. Typisch ist aber, dass ich in zwei Tagen gleich dreimal öffentlich gebeten werde, mein derzeitiges Amt aufzugeben und, wenn möglich, in das Finanzressort zurückzukehren. Dort wäre ich klasse gewesen. Verteidigungsminister könne doch jemand anders werden.

Wenn sie vor Ort über unsere Sicherheitspolitik sprechen, dann wird sichtbar, wie sehr Herbert Wehner ihnen mit seiner Feststellung vom defensiven Charakter der Rüstung der Sowjetunion aus dem Herzen gesprochen hat. Sie sind von einer echten, tiefen Friedenssehnsucht beherrscht. Sie schätzen die aktuelle Politik der Sowjetunion anders ein als ich. Von sowjetischer Machtpolitik wollen sie nichts hören. Für mich sind sie unpolitisch, wenn sie über Sicherheitspolitik reden. Das Unangenehme wollen sie nicht zur Kenntnis nehmen. Und fast niemand in der SPD hat sie ja auch bisher dazu gezwungen.

Wir kommen dennoch gut über den Bundesparteitag 1980. Die Nähe des Wahlkampfes und der Kanzlerkandidat der Union Franz-Joseph Strauß helfen ebenso wie die positiven Konjunkturdaten. Die Wähler geben uns eine komfortable Mehrheit, um die sozial-liberale Koalition fortzusetzen. Wir verbessern uns leicht auf 42,9 Prozent. Die FDP erhält sogar 10,6 Prozent. Die CDU verliert gut vier Prozentpunkte und landet bei 44,5 Prozent.

Und dennoch geht es nach den Wahlen für uns bergab. Der Aufschwung kommt nicht. Das Ansehen des Kanzlers bröckelt. Landtags- und Kommunalwahlen gehen verloren. In der SPD schwindet die Bereitschaft, die Bundesregierung in Bonn zu unterstützen. Die Genossen wollen die Last des Regierens, der Kompromisssuche mit der FDP loswerden, die Identität der SPD wiederentdecken und sich durch den Abgang ihres Kanzlers politisch befreien. Henning Voscherau aus Hamburg: „Wann geht ihr endlich in die Opposition, damit wir wieder Landtagswahlen gewinnen können?"

Am 17. September 1982 ist es dann soweit. Helmut Schmidt erklärt im Deutschen Bundestag die Koalition mit der FDP für beendet. Die Partei ist in Hochstimmung, lange Jahre des Katzenjammers in der Opposition folgen.

Das Schicksal des Nato-Doppelbeschlusses ist schnell erzählt. Ende November 1982 lehnt der Parteitag mit einigen Gegenstimmen, Hans Apel, Georg Leber, Hans Matthöfer, Helmut Schmidt, Hans-Jürgen Wischnewski ... die Nato-Nachrüstung ab. Kanzler Kohl kommt bei den vorgezogenen Neuwahlen zum Bundestag im März 1983 mit seinem klaren Bekenntnis zum Nato-Doppelbeschluss auf ein Rekordergebnis von 48,8 Prozent. Die SPD rutscht auf 38,2 Prozent ab. Kohl zieht den Nato-Doppelbeschluss durch. Reagan und Gorbatschow kommen 1987 überein, in einer doppelten Nulllösung auf beiden Seiten die Mittelstrecken- und Kurzstreckenraketen zu vernichten.

Nun erweist sich endgültig, dass unser Nato-Doppelbeschluss richtig war. Die Kampagne der SPD bricht nachträglich in sich zusammen. Wir – Helmut Schmidt und seine Getreuen – können uns freuen, die SPD nicht. Willy Brandt und Hans-Jochen Vogel gehen Anfang Dezember 1987 vor die Bundespressekonferenz, um die neue Entwicklung zu kommentieren. Nur Willy Brandt kann sich auf Drängen der Journalisten dazu durchringen zu sagen: „Es war Gott sei Dank irrig, davon auszugehen, die beiden Weltmächte seien unbeweglich ... Insofern haben alle etwas dazugelernt."

Für Vogel hat sich nicht die SPD geirrt, die anderen hätten ihre Position verändert.

Zwei Jahre später wird das Tor zur deutschen Wiedervereinigung aufgestoßen. Sozialdemokraten haben dazu Beiträge geleistet. Willy Brandts Deutschland- und Ostpolitik. Sie war aber nur denkbar und erfolgreich auf der Basis der gesicherten Verteidigungsfähigkeit im Nato-Bündnis. Und dazu gehört der Nato-Doppelbeschluss.

Der Gang der SPD in die Bonner Opposition hat schwerwiegende Konsequenzen. Herbert Wehner und Helmut Schmidt gehen und hinterlassen personelle und politische Lücken, die nicht zu schließen sind. Willy Brandt bleibt zwar Parteivorsitzender, gibt aber noch stärker die Zügel aus der Hand. Als Präsident der Sozialistischen Internationale und der Nord-Süd-Kommission der Uno ist er viel außer Landes. Die Partei will wesentliche Ergebnisse ihrer Regierungsarbeit möglichst schnell überwinden: Die klare Westbindung und die freundschaftlichen Beziehungen zu den USA, den Beitrag der Kernenergie zur Energieversorgung, vor allem aber die Erkenntnis, dass Politik für Deutschland aus sozialdemokratischer Perspektive nur in der Regierungsverantwortung gelingen kann.

Das Verhältnis zu den USA leidet nicht nur darunter, dass mit Oskar Lafontaine, aber auch mit Erhard Eppler Politiker zentralen Einfluss in der SPD bekommen, die deutliche antiamerikanische Positionen vertreten, sondern auch dadurch, dass Provinzler in Führungsfunktionen der Partei einrücken. Die alte Garde kannte die US-Führungseliten, sie sprach fließend englisch. Auch ich war noch als junger Abgeordneter auf Einladung der Regierung in Washington wochenlang durch das Land gereist. Ich kannte während meiner Ministerzeit meine amerikanischen Gesprächspartner und konnte in Grenzen auf sie einwirken.

Doch jetzt wird Hans-Jochen Vogel Fraktionsvorsitzender und gewinnt auch in der Partei einen starken Einfluss. Das Regierungsprogramm 1983 – 1987 ist der vergebliche Versuch, die Kontinuität von 16 Jahren sozialdemokratischer Regierungspolitik mit den neuen Positionen der Partei zu vereinen. Ich habe damals Vogel für einen Opportunisten gehalten. Das war ungerecht. Da ist ein exzellenter Jurist am Werke, ein Bürokrat, der ohne politische Imagination die Partei zu-

sammenhalten will. Dazu kommt sein penetranter Führungs-
stil, der nicht überzeugend die Partei voranbringt. Nach dem
Rücktritt Willy Brandts im März 1986 wird er auch noch zum
Parteivorsitzenden gewählt.

Für die Bundestagswahlen 1983 ist Hans-Jochen Vogel unser
Kanzlerkandidat (38,2 Prozent). Für die Wahlen im Januar
1987 ist es Johannes Rau (37,0 Prozent). Am 2.12.1990 – der
ersten gesamtdeutschen Bundestagswahl – kommt Oskar Lafontaine auf 33,5 Prozent. Im Oktober 1994 ist Rudolf Scharping dran (36,4 Prozent). 1998 haben die Wähler von Helmut
Kohl die Nase voll. Gerhard Schröder erreicht 40,9 Prozent
und wird Bundeskanzler.

Die „Ahnengalerie" macht deutlich, dass die SPD personell
experimentiert und über keine Politiker verfügt, die die Partei
führen können und ihr für die Wähler erkennbare politische
Ziele vorgeben. Am deutlichsten wird das in der Sicherheitspolitik und der damit verbundenen Überschätzung ihrer eigenen Möglichkeiten. Davor hatte schon Willy Brandt gewarnt,
als er vor langen Jahren immer wieder spöttisch von der „SPD
als dritter Weltmacht" neben den USA und der Sowjetunion
gesprochen hatte.

Es werden die bilateralen Kontakte zwischen der SPD und
der SED systematisch ausgebaut. 1986 werden Grundsätze
für einen atomwaffenfreien Korridor in Mitteleuropa vorgelegt. 1987 verabreden Reagan und Gorbatschow die doppelte
Nulllösung für atomare Kurz- und Mittelstreckenwaffen. Im
August 1987 wird ein gemeinsames Dokument von SED und
SPD vorgelegt mit dem Titel „Der Streit der Ideologien und
die gemeinsame Sicherheit". Darin heißt es, keine Seite „dürfe
der anderen die Existenzberechtigung" absprechen und dass
„beide Systeme reformfähig" seien. Und das wenige Monate
vor den massiven Wahlfälschungen bei den DDR-Kommu-

nalwahlen und dem wirtschaftlichen und politischen Zusammenbruch der DDR im Herbst 1989. Der Kanzlerkandidat Oskar Lafontaine will nicht hinter Erhard Eppler, dem Ko-Autor des SED-SPD-Dokuments zurückbleiben. Er warnt 1989 vor der „Deutschtümelei" und will den Übersiedlern aus der DDR nicht mehr automatisch den Status eines deutschen Staatsbürgers geben.

Auch intern verändert sich die SPD. Der Anteil der Arbeitnehmer geht überproportional zurück. In den Führungsgremien der SPD herrschen die Akademiker. 61 Prozent der Delegierten auf dem Parteitag 1986 haben einen akademischen Abschluss. Wesentlicher ist aber die Änderung der bisherigen Grundhaltung der Mehrheit der Parteimitglieder. Solidarität wird zu einem Fremdwort. Auch in der Partei geht es vor allem um die individuelle politische Selbstverwirklichung, immer weniger um die Durchsetzung erreichbarer politischer Ziele. Opportunisten und unredliche Demagogen erobern die SPD.

Die Überalterung der Parteimitglieder ist groß. Die Jungen gehen vor allem zu den Grünen. Die Zahl der Parteimitglieder fällt. Von gut einer Million während der sozial-liberalen Koalition auf 735.000 im Jahre 2000. Ende Juni 2008 sind es noch 530.000, am 31.12.2009 512.000. Noch dramatischer ist dieser Mitgliederschwund in unseren Hochburgen. Die SPD in Hamburg verliert in diesem Zeitraum 34.000 Mitglieder, von 45.000 auf unter 10.500 Genossen.

Ich frage mich auch heute noch, wie ich angesichts des inneren Zustandes der SPD so blöd sein konnte, 1984 als Spitzenkandidat der SPD nach Berlin zu gehen. Alle, die mir massiv zureden, an der Spitze Helmut Schmidt, machten sich genauso wie ich immer noch Illusionen über den inneren Zustand der SPD, genauer ihrer Funktionärskaste. Für viele von ihnen in Westberlin bin ich der Repräsentant der alten Rechts-

SPD, der kalte Krieger und Verteidiger des Nato-Doppelbeschlusses. Als dann im Laufe des Wahlkampfes die Meinungsumfragen ausweisen, dass die Wahlen am 10. März 1985 nicht zu gewinnen sind, wird es eiskalt um Ingrid und mich. Wir verlassen die Stadt nach den verlorenen Wahlen. Die Genossen sind froh, wie von einem Albtraum befreit. Doch wir haben einen großen Tröster: unsere Rückkehr nach Hamburg. Ich verspreche meiner Frau, dass wir nie wieder unsere Stadt verlassen werden.

Ich hatte meine Bonner Funktionen nur ruhen lassen und kann nach Berlin dort anknüpfen, wo ich in Bonn aufgehört hatte. In Hamburg ist das anders. Die linke Mehrheit im Parteikreis Hamburg-Nord war so froh gewesen, mich elegant loszuwerden. Und nun bin ich wieder da. Sie verweigert mir die Kandidatur in meinem Wahlkreis für die Bundestagswahlen 1986. Doch wir nehmen den Kampf auf. Mein Gegenkandidat Hermann Scheunemann und ich ziehen durch die 12 Ortsvereine. Wir stellen uns vor, nehmen Stellung in der anschließenden Debatte, und dann werden die Delegierten gewählt.

Diese wochenlange Auseinandersetzung um meine Wiederaufstellung wird bundesweit beachtet und kommentiert. Besonders wütend bin ich über eine Glosse in der Zeitschrift Metall, den meine Gewerkschaft, die IG Metall, herausgibt. Wieder einmal gießen sie Hohn und Spott über mich aus. Ich bin nun für sie nicht mehr der „Ge-Noske Apel", sondern wie Helmut Schmidt Mitglied der „SPD-Militär-Mafia". Ich soll verschwinden, lautet die Botschaft.

Es dauert Monate und bedarf zweier Briefe, bis sich der Gewerkschaftsvorsitzende in einem Fünf-Zeilen-Brief lau von dieser miesen Attacke distanziert. In Bonn sprechen sich Willy Brandt und Hans-Jochen Vogel für mich aus. Das Echo meiner Freunde in Hamburg-Nord ist interessant. „Nun wird es aber langsam Zeit, dass die Bonner aufhören, uns in unsere Angelegenheit hineinzureden."

Ich werde von den Delegierten des Wahlkreises Hamburg-Nord mit großer Mehrheit aufgestellt. Und so komme ich bei den Bundestagswahlen im Januar 1987 wieder in den Bundestag, wenn auch nur über die Landesliste.

Doch die Auseinandersetzungen gehen weiter. Ende August 1986 Bundesparteitag in Nürnberg. Im März 1968 hatte ich zum ersten Mal als Delegierter der SPD-Hamburg an einem Bundesparteitag in Nürnberg teilgenommen. War das aufregend! Auf diesem ersten Parteitag nach unserem Eintritt in die Bundesregierung in der großen Koalition geht es hoch her. Proteste und Gerangel vor der Halle, kontroverse Debatten im Saal. Aber unsere Führungstroika – Willy Brandt, Helmut Schmidt, Herbert Wehner – kämpft und setzt sich durch. Wie anders ist das heute. Heute wird Führung so verstanden, dass die politischen Meinungen der Mehrheit der Funktionäre der Partei ermittelt und der SPD als Marschrichtung zurückgegeben werden.

Am Donnerstag, den 28. August 1986, wählen wir den Parteivorstand. Ich bin entschlossen, nicht in eine Stichwahl zu gehen, falls ich nicht im ersten Wahlgang gewählt würde. Und ich werde im ersten Wahlgang nicht gewählt. Unter den Delegierten wird kräftig Stimmung gegen mich gemacht. Björn Engholm soll durch die Reihen der Delegierten gehen und sie auffordern, mich nicht zu wählen. Ingrid und ich gehen im Nieselregen zum Auto. Nicht noch einmal sich in die Kniekehlen treten lassen ... Willy Brandt schickt mir Georg Leber hinterher. So könne ich nicht davonlaufen ... Der gute Eindruck des Parteitages würde ruiniert ... Man brauche mich ... Es kämen auch noch andere Zeiten ... Freundschaft, Solidarität und so weiter. So tönen dann auch Vogel und Rau. Und ich lasse mich breitschlagen. Ich will wohl auch gar nicht weggehen. Soll ich meiner Partei so schaden und damit auch mir? Aber auch diese Abstimmung ist ein Stück Wegs zu meinem politischen Ende, meine Wiederwahl im zweiten Wahlgang wird den Delegierten geradezu abgefordert.

Ein Jahr später tritt Willy Brandt zurück. Vogel wird sein Nachfolger, weil Lafontaine kneift. In dieser Doppelfunktion Fraktions- und Parteivorsitzender ist selbst ein solches hochbegabtes Arbeitstier überfordert. Perfekte Bürokratie hilft dabei weder für die Abläufe noch für politische Inhalte weiter. Vogel gibt schließlich den Bundesvorsitz ab. Nun beginnt ein buntes personelles Wechselspiel. 1991 Björn Engholm, 1993 Rudolf Scharping, 1995 Oskar Lafontaine, 1999 Gerhard Schröder, 2004 Franz Müntefering, 2005 Mathias Platzek, 2006 Kurt Beck, 2008 erneut Franz Müntefering, heute Sigmar Gabriel.

Zahlendes Mitglied

Mein politisches Ende kommt auf unserem Parteitag in Münster Ende Juni 1988. Obwohl ich nach der Meinung vieler als finanz- und steuerpolitischer Sprecher der Partei und der Bundestagsfraktion gute Arbeit geleistet habe, fliege ich im 4. Wahlgang aus dem Bundesvorstand raus.

Ingrid tritt aus der SPD aus. Wieder eintreten will sie erst dann wieder, wenn Lafontaine nichts mehr in der Partei zu sagen hat. Ich bleibe Parteimitglied, lehne aber alle Parteiamtsangebote ab und übernehme keinerlei Wahlkampfverpflichtungen. Wenn es mir geboten erscheint, nehme ich öffentlich Stellung. Ich halte eine Vielzahl von öffentlichen Vorträgen, in denen ich notfalls auch die aktuelle Politik der Sozialdemokraten kritisch unter die Lupe nehme. Dabei, auch bei meinen Fernsehauftritten, vermeide ich möglichst persönliche Angriffe. Zwischen der jeweiligen Parteiführung und mir herrscht eisiges Schweigen. Als ich im Jahre 2005 mein 50-jähriges Parteijubiläum habe, wird mir in Hamburg jegliche Ehrung verweigert. Manches ändert sich, als Peer Steinbrück Finanzminister wird. Uns verbindet eine lange Freundschaft.

Aus dieser langweiligen Sauce programmatischer Belanglosigkeiten und der personellen Mittelmäßigkeit in der SPD der Oppositionszeit ragen nur zwei Menschen heraus: Oskar Lafontaine und Gerhard Schröder. Oskar Lafontaine genießt im besonderen Maße die Gunst von Willy Brandt. Er bezeichnet ihn öffentlich als eine „gelungene Mischung aus Napoleon und Mussolini". Es ist schwer nachzuvollziehen, dass Willy ihn schätzt. Denn dieser Mann ist wie kein anderer undiszipliniert und sprunghaft, egoistisch ohne Rücksicht auf seine Partei. Doch seine Demagogik ist umwerfend.

Er entdeckt 1979 den wachsenden Widerstand der Partei

gegen den Nato-Doppelbeschluss. Dieses Sprungbrett benutzt er, um sich von einem ziemlich unbekannten Provinzpolitiker an der Saar hoch zu katapultieren auf die Bundesebene. Beispiellos greift er an. Für ihn sind Pflichterfüllung und Standfestigkeit, auf die sich Kanzler Helmut Schmidt 1982 beruft, Sekundärtugenden, mit denen man auch ein KZ leiten könne. 1986 versaut er unserem Kanzlerkandidaten Johannes Rau dessen außenpolitische Profilierung, indem er den einseitigen Rückzug unseres Landes aus der Nato-Integration fordert. 1988 bringt er wochenlang die Gewerkschaften gegen sich auf und die Genossen durcheinander, weil er öffentlich und immer wieder unterstreicht, dass Arbeitszeitverkürzungen bei vollem Lohnausgleich nicht möglich sind.

1988 vergleiche ich Lafontaine und Vogel in meinem Buch „Der Abstieg“: Der eine ist Parteivorsitzender und Vorsitzender der Bundestagsfraktion. Er hat zwei Bürokratien zu seiner Verfügung. Die Tribüne des Deutschen Bundestages gibt ihm jede Möglichkeit, sich und seine politischen Überzeugungen darzustellen, wann immer er es will. Sein Zugang zur Bonner Journaille und damit zu den bundesdeutschen Medien ist unbegrenzt. Der andere ist stellvertretender Parteivorsitzender und Ministerpräsident des Saarlandes, eines Bundeslandes mit begrenzter politischer und ökonomischer Bedeutung. Da müsste in der SPD eigentlich klar sein, wer Koch und wer Kellner ist. Doch in der Politik ist es so einfach nicht.

Oskar Lafontaine hat auch in den letzten Jahren immer wieder bewiesen, dass er gerade dann ohne Rücksicht auf Verluste politische Akzente setzt, wenn es ihm nutzt und ihn in den Mittelpunkt der öffentlichen Debatte rückt. Gegen Helmut Schmidt und die sozial-liberale Koalition führte er einen rücksichtslosen Kampf, um fünf Jahre später Schmidt und auch Karl Schiller als die bedeutendsten sozialdemokratischen Wirtschaftspolitiker zu bezeichnen. Er war es, der die

Bekenntnisse von Kanzlerkandidat Johannes Rau zur Nato auch in der heißen Phase des letzten Bundestagswahlkampfs dadurch in Zweifel zieht, dass er unseren Austritt aus der Nato-Integration fordert. Und auch diese Position wird er revidieren, wenn er das für geboten erachtet.

Vogel folgt den jeweiligen Mehrheiten, Lafontaine sorgt sich um sein persönliches Profil. Dabei nimmt er auf niemanden Rücksicht, auch nicht auf seine Partei. Gewinnmaximierung ist für ihn kein kurzfristiges Ziel. Frühstück mit Genscher und Ausstieg aus der Kernenergie sind nur scheinbar politisch unvereinbar.

Es dauert Jahre, bis sich die SPD von der negativen Haltung des Kanzlerkandidaten Lafontaine zur deutschen Einheit erholt. Ende Mai 1991 wird Björn Engholm Parteivorsitzender. Zwei Jahre später, am 25.6.1993, folgt ihm Rudolf Scharping. Er wird für die Bundestagswahlen 1994 Kanzlerkandidat. Die Partei leidet unter Rudolf Scharping. Nach der verlorenen Bundestagswahl im Oktober 1994 übernimmt er zusätzlich zum Amt des Parteivorsitzenden auch noch den Vorsitz der Bundestagsfraktion. Scharping leitet daraus den Anspruch ab, für die nächsten Bundestagswahlen 1998 erneut der SPD-Kanzlerkandidat zu sein. Denn diese Wahlen versprechen der Partei reale Chancen, Helmut Kohl als Bundeskanzler abzulösen. Auf dem Mannheimer Parteitag fällt eine Vorentscheidung. Nach einer schwachen Rede des Parteivorsitzenden greift Oskar Lafontaine an. Er kann den Parteitag mitreißen. Er wird gegen Scharping aufgestellt und zum neuen Parteivorsitzenden gewählt.

Nun sind es nur noch zwei, die Kanzlerkandidat der SPD werden können: Lafontaine und Schröder. Am Ende wird es Gerhard Schröder. Er erreicht für die SPD am 27.9.1998 40,9 Prozent und kann mit den Grünen eine Regierungskoalition bilden. Oskar Lafontaine übernimmt das mit erweiterten Befugnissen ausgestattete Finanzministerium. Er muss lernen, dass er gegen Schröder mit seiner Richtlinienkompetenz und seinem ausgeprägten Machtinstinkt keine Chancen hat. Er tritt am 11. März 1999 als Finanzminister und Bundesvorsitzender der SPD zurück. Er landet erfolgreich bei der Linken.

In meinem wöchentlichen Tagebuch halte ich am 4. März 1980 ein Gespräch mit mir, dem Verteidigungsminister, und dem Bundesvorstand der Jusos fest. Ich skizziere die Strategie der Linken. „Sie wollen uns von der Platte putzen, um danach auf Dauer ohne Einfluss auf Deutschlands Zukunft zu bleiben. Gerhard Schröder dagegen kann analysieren, argumentieren und Positionen verändern. Sein Linkssein reicht nur so weit, dass nach links der Faden nicht abreißt. Und dennoch erscheint er verständig und einsichtig. Und so berechtigt er zu den schönsten Hoffnungen."

Dann folgen in meinem Tagebuch spöttische Anmerkungen nach dem Motto: Wofür steht eigentlich Schröder außer für sich selbst?

Dem habe ich 27 Jahre später nichts hinzuzusetzen. Als Kanzler ist er der Chef im Ring. Er kann die Nato-Intervention im Kosovo durchsetzen. Er bestätigt die Westbindung der Bundesrepublik, lehnt aber eine Beteiligung am Irakkrieg ab. Auf die Partei nimmt er keine Rücksicht. Das entspricht seinem Naturell. Die Partei wird zur Kanzlerpartei. Auch die Bundestagsfraktion verliert deutlich an Einfluss. Schröder weiß, wie sich Politiker im Fernsehzeitalter zu präsentieren haben. Und so gewinnt er die Bundestagswahlen 2002 und kann die Koalition mit den Grünen fortsetzen.

Schröders Agenda 2010 ist ein Beweis für seinen politischen Verstand. Aber sie erschüttert seine Basis in der SPD. Er erzwingt im Jahre 2005 vorgezogene Neuwahlen. Von einer aussichtslosen Ausgangsposition kann er die SPD so weit voranbringen, dass die Union nur um Haaresbreite stärkste Partei wird. Schröder kann nicht wieder Kanzler werden. Er zieht sich aus der Politik zurück.

In der großen Koalition will die SPD nicht mit den Pfunden wuchern, die sich aus ihrer Arbeit während der Kanzlerschaft Schröders ergeben. Man schielt auf Lafontaine, man will nicht links überholt werden. Und so wird die Politik der SPD unklar. Ist sie die Partei, der wir getrost den Kurs für Deutschland in der Globalisierung anvertrauen können, selbstbewusst und sozial sensibel? Oder ist die SPD ein billiger Abklatsch der Linken, die sich als Partei von Lafontaine immer mal wieder vorführen lässt? In jedem Falle zeigt dieses Phänomen auf den drastischen Mangel an sozialdemokratischem Führungspersonal auf der Bundes-, aber auch auf der Landesebene. Programme helfen nicht. Nur Menschen können Überzeugungen vermitteln und Wahlerfolge erreichen. 1965, meiner ersten Bundestagswahl, war unser Slogan „Wir haben die besseren Männer". Brandt, Erler, Leber, Möller, Schiller, Schmid, Schmidt, Wehner ... Und heute? Fehlanzeige. Bei den anderen Parteien ist es kaum besser.

Ein Trost ist das nicht. Denn ich sehe zu unserer Parteiendemokratie keine tragfähigen Alternativen, zumindest nicht auf der Bundesebene. Deshalb ist unsere aktuelle Krise der deutschen Parteiendemokratie längst zu einer Krise unserer parlamentarischen Demokratie geworden. Die SPD verliert immer weiter Mitglieder. Sie überaltert. Die Jungen bleiben weg. Die Funktionäre kapseln sich ab. Selbst Bürgerschaftsabgeordnete stehen nicht mehr im Hamburger Telefonbuch. Als Verteidigungsminister war ich für jedermann telefonisch erreichbar. Schließlich war ich gleichzeitig auch Wahlkreisabgeordneter.

Die öffentlichen Großveranstaltungen, vor allem die Parteitage, verkommen zu medialen Shows. Echtes Ringen um politische Lösungen findet, wenn überhaupt, hinter den Kulissen statt. Politik wird mit allen Tricks von den Werbeagenturen vermarktet. Da wird der Einzelne auf den Parteitagen zum Claqueur und müsste sich eigentlich fragen, was er dort soll. Nur wenn er an seiner Karriere bastelt, gibt es einen Sinn, so seine Zeit zu verbringen. Dabei geht es allerdings immer weniger um politische Ziele, sondern immer mehr um Aufstieg bei veränderbaren Grundüberzeugungen.

Das personelle Angebot der Parteien ist über die Jahrzehnte keineswegs besser geworden. Im Gegenteil. Die Einflusslosigkeit der Abgeordneten im Parlament, ihre Gängelung durch die Partei- und Fraktionshierarchien, ihre Abhängigkeit von der örtlichen Basis bei ihrer Nominierung, können dynamische und kreative Menschen kaum ertragen. Warum sollen sie sich freiwillig in diese Tretmühle wählen lassen? Mit Geld lassen sich diese Fesseln nicht aufwiegen. Es ist ein folgenschwerer Irrtum, dass eine Erhöhung der Bezahlung unserer Abgeordneten ihre Qualität quasi automatisch verbessert.

In Hamburg haben sich ein MdB-Student nach 30 Semestern und sein Herausforderer – 16 Semester Jura, verpatztes 1. Staatsexamen – um die Kandidatur für den Bundestag gestritten. Solche Politiker gefallen der sogenannten SPD-Basis. Eine eigene politische Meinung können die sich kaum leisten. Dazu ist das Berliner Amt zu lukrativ und ihre persönliche berufliche Alternative für sie zu finster.

Die Parlamente würden politisch wirksamer sein mit einer kleineren Besetzung und mit Abgeordneten, die sich freier politisch bewegen und aufgrund ihrer beruflichen Herkunft dem parteilichen Druck besser widerstehen können.

Die personelle Decke der SPD ist dünn. So konnte Steinmeier ein Amt ergattern und Vorsitzender der Bundestagsfraktion werden. Bei Steinbrück ist das anders. Er gilt in der Partei als ein Rechter. Das ist ziemlich einfach zu erklären: Die Macht der Fakten und der Zahlen lässt ideologische Phantasien und verzerrte Perspektiven nicht zu. Jeder Finanzminister ist zur nüchternen Analyse und zur Wahrheit verpflichtet. Sonst ist er schnell politisch am Ende. Fakten erkennen, das wollte Oskar Lafontaine nicht, sein Nachfolger Hans Eichel konnte das nicht und so scheiterten sie. Peer Steinbrück war auf dem Posten des Finanzministers für unser Land ein Glücksfall. Doch Realisten sind für viele in der Partei gleichzeitig auch Rechte. Und damit ist alles klar. Insbesondere nach der verlorenen Bundestagswahl. Die Parteiführung will ihn nicht. Und so „versenken" sie ihn. Das opportunistische Mittelmaß triumphiert.

Union und FDP erreichen im September 2009 ihr Wahlziel. Merkel setzt nur auf die Liberalen und will mit den Sozialdemokraten gar nicht erst reden, obwohl die große Koalition mit den „SPD-Stars" Steinmeier und Steinbrück gute Arbeit „geleistet" hatte und ihr Ansehen bei den Wählern beachtlich war. Und so wird ein Koalitionsvertrag gezimmert, der unzureichende Klarheit über die politischen Ziele der Koalition bringt, den Streit innerhalb dieses Lagers immer wieder neu entfacht und die Kanzlerin schlecht aussehen lässt.

Das eigentliche Problem für die SPD ist, dass der schnelle Verfall der Zustimmung der Wähler für Schwarz-Gelb der Partei nur wenig hilft. Denn es ist keineswegs klar, wofür die Partei in der Wirtschafts- und Finanzpolitik, der Sozialpolitik, der Energieversorgung, unserem Engagement in Afghanistan steht. Falls die Parteiführung meint, eine Opposition des „Njet" und des opportunistischen Taktierens führe sie in Berlin an die Hebel der Macht zurück, dann liegt sie falsch. Um das zu erkennen, reicht ein Blick in die Gründungsjahre der Bonner Republik.

Wichtig ist, dass die SPD die Wahrheit sagt, so wie sie sich für die Partei darstellt. Der Wähler muss wissen, was die Politik im Kontext knapper Ressourcen und der zunehmenden

Globalisierung leisten kann und was nicht. Lügen haben auch in der Politik kurze Beine. Die Hessen-SPD und Kurt Beck mussten das bitter erfahren. Die Wähler sind viel intelligenter, als es die Politiker glauben. Eine glaubhafte SPD kann wieder für solche jungen Menschen interessant werden, die ihr Engagement für unser Land in den Mittelpunkt ihrer parteilichen Bindung stellen.

Übersehen darf man aber nicht, dass sich die politische Landschaft in Deutschland dramatisch verändert hat. Erreichten die beiden Volksparteien CDU/CSU und SPD in den sechziger und den siebziger Jahren zusammen rund 85 Prozent der Wählerstimmen, so sind es derzeit deutlich weniger als 60 Prozent. Die Stammwähler der beiden Parteien, sowohl das katholische Milieu als auch die Lebensbereiche der nominell evangelischen Arbeiter, sind bis auf Restbestände bei den Alten verschwunden. Die Wähler lassen sich von den Parteizentralen nicht mehr bei ihrer Wahlentscheidung auf traditionelle Pfade locken. Früher hieß es: „Bereits meine Eltern wählten die SPD. Und das mache ich auch."

Oder: „Es kann schwarz-weiß-rote Hunde regnen. Unsere Wähler bleiben uns treu."

Das wurde am Ende der Weimarer Republik bei jeder Wahl deutlich.

Es wird bei dem derzeitigen Fünfparteien-System mittelfristig bleiben. Für die SPD wäre es von Vorteil, wenn sich rechts von der Union eine wertkonservative Partei bilden würde, die eine gewisse Anziehungskraft bei diesem Wählerpotential hat. Dann würde auch die Union vom derzeitigen „niedrigen Wählerschemel" auf den Boden einer 30-Prozent-Partei gestoßen. Denn auf Dauer lassen sich diese Wähler nicht von der profillosen CDU an der Nase herumführen.

Union und SPD werden nicht wieder zu den bestimmenden Volksparteien. Wenn die SPD bei den nächsten Bundestagswahlen über 30 Prozent Wähleranteil käme, wäre das ein großer Erfolg. Deshalb bleibt es der SPD nicht erspart, künftige Allianzen mit der Linkspartei in Betracht zu ziehen.

Damit daraus nicht ein politisches Desaster wird, muss die SPD ein klares politisches Profil entwickeln, das die Partei geschlossen vertritt. Unverzichtbar sind Politiker, die Kraft, Mut, Verstand und Ansehen haben, die Partei führen und die diesen Kurs überzeugend in der Öffentlichkeit vertreten. Da ist Fehlanzeige. Und Steinbrück wurde beiseitegeschoben.

Heute, nach mehr als 50 Jahren Parteimitgliedschaft, frage ich mich, ob und was ich der SPD für mein Leben verdanke? Ich bin nicht in die Partei eingetreten, um etwas zu werden, habe aber sehr wohl jede Möglichkeit genutzt, um voranzukommen, mich dabei aber nicht opportunistisch angepasst, um meine politische Position zu sichern. Nach dem Verlust unserer Regierungsbeteiligung 1982 haben wir den politischen Kurs der SPD mit einem Äskulap-Stab – dem Zeichen des ärztlichen Standes – verglichen. Die sich um den Stab windende Schlange verkörpert die Parteitreuen, die den jeweiligen politischen Kurs der Partei vertreten, einen Schlingerkurs. Der gradlinige Stab repräsentiert die starrköpfigen „Unbeweglichen", die man loswerden muss. Zu ihnen gehöre ich.

Und so lasse ich es offen, ob ich der SPD für mein Leben Wesentliches verdanke. Ich habe ihr treu und mit aller meiner Kraft gedient, bis sie mich nicht mehr wollte und ich nicht mehr inhaltlich zu ihren Positionen stehen konnte. Meine Arbeitskraft, meine Dynamik, mein Fleiß, mein Wissen, hätten mir wohl auch außerhalb der Politik einen beruflichen Aufstieg ermöglicht. Um Geld ging es meiner Frau und mir sowieso nicht. Aber eigentlich hat Politik Spaß gemacht, auch

Ärger und Kampf sind Teil eines unterhaltsamen Lebens. Und, würde ich noch einmal auf die Welt kommen, wünschte ich mir einen solchen Lebensweg zum zweiten Mal.

Vorbilder

Ob Kinder bereits Vorbilder haben, weiß ich nicht. Ich wünschte mir selbst für eine gewisse Zeit, so zu sein wie Menschen in meiner Umgebung: mein Cousin Walter, einige Jahre älter als ich, in seiner schneidigen Uniform als Fähnlein-Führer des Deutschen Jungvolks. Später Hänschen Appel als linker Läufer des FC St. Pauli, Bischof Dibelius durch seine Vorträge in Hamburg. Bestimmend für mein Leben während des Krieges ist meine Mutter. Als mein Vater im Jahre 1940 Soldat werden muss, wechsele ich vom Kinderbett ins Ehebett. Meine Mutter und ihre drei Schwestern haben eins gemeinsam: Sie reden viel und anhaltend ohne große Pausen. Wenn sie zusammen sind, klingt das wie eine polyphone Fuge von Johann Sebastian Bach.

Wenn wir beide allein sind, bin ich der schweigende Zuhörer, vor allem abends im Bett. Sie erzählt von den schwierigen Jahren des Ersten Weltkriegs. Ihr Vater ist Soldat. Die materielle Unterstützung des Staates für die fünfköpfige Familie reicht nicht aus. Deshalb muss ihre Mutter tagtäglich arbeiten gehen. Dazu der Mangel an bezahlbaren Nahrungsmitteln. Ich lerne den Steckrübenwinter des Jahres 1917 kennen. Meine Mutter: „Das ist doch heute wesentlich besser."

In der Weimarer Zeit gibt es immer wieder blutige Straßenkämpfe zwischen den Kommunisten und der Polizei. Die „Brigade Ehrhardt" greift ein, eines der rechten nationalen Freikorps. Im Jahre 1923 kommt es zum „Hamburger Aufstand" mit vielen Toten auf beiden Seiten. Mutter erlebt die Kämpfe in ihrem Elternhaus in Barmbek hautnah. Auch das hat sicherlich ihre politischen Überzeugungen geprägt.

Vor allem aber hält sie mir abends im Bett meine „Missetaten" auf der Straße und schlechte Noten in der Schule vor.

Wenn ich darüber einschlafe, werde ich geweckt. „Du hast mir zuzuhören, wenn ich mit dir rede."

Mein Vorbild war sie nicht. Aber sie hat mich sicherlich geformt, auf Leistung getrimmt. Sie liebt mich ohne Ende. Doch eine harte Hand muss auch sein.

Sie stirbt 1946, und mein Vater tritt an ihre Stelle. Er bewundert seinen Sohn. Aber auch das hat Wirkungen. Schließlich kann ich ihn doch nicht enttäuschen. Sein Anstand, seine Ehrlichkeit, sein Fleiß sind Vorbild für mich. Doch ohne „Ellbogen" geht es nicht.

Habe ich in der Politik Vorbilder? Willy Brandt, Herbert Wehner und Helmut Schmidt verdanke ich viel.

Willy Brandt hat mich mit seiner Menschlichkeit immer wieder getröstet und mit meiner Partei versöhnt. So sitze ich Anfang Dezember 1981 in einer der Nato-Sitzungen. Ich bin politisch meinem Tiefpunkt nahe. Als Verteidigungsminister werde ich öffentlich in Haftung dafür genommen, dass die Finanzmittel im Verteidigungshaushalt nicht ausreichen, um die vor meiner Zeit bestellten Flugzeuge, Fregatten, Panzer … bei ihrer Auslieferung voll zu bezahlen. Der Nato-Doppelbeschluss macht mich zum Buhmann der Linken. Helmut Schmidt legt mir nahe, in die Bundestagsfraktion zu wechseln.

Eine Ordonnanz meldet mir, ein Herr Brandt wolle mich am Telefon sprechen. Ich sage ihm, ich würde den Generalinspekteur Brandt nach der Sitzung zurückrufen. Die Ordonnanz kommt zurück und sagt mir, ein Herr Brandt von der SPD sei am Telefon. Willy Brandt mit seiner rauchigen Stimme: „Hans, ich kann mir vorstellen, wie du dich fühlst. Wann bist du zurück in Bonn? – Dann komm doch bitte in die Baracke. Dann können wir bei einem Glas Sherry alles besprechen. Und vergiss nicht: Du hast Freunde in der Partei."

Nur wer sich in so hoffnungsloser Lage befunden hat, kann

ermessen, was dieser Anruf für mich damals bedeutet hat. Ein heller Schein gibt Trost und hilft, die Last weiter zu tragen.

Ohne Brandt wäre es schwierig gewesen, die SPD bis zum Herbst 1982 in der Bundesregierung zu halten. Er war ein Menschenfischer innerhalb und außerhalb der Partei. Helmut Schmidt beklagt sich gern, dass Brandt ihn als Parteivorsitzender während seiner Kanzlerschaft nicht klar genug unterstützt hätte. Das ist ungerecht. Er hat diese unruhig werdende Partei so lange wie möglich flexibel auf Regierungskurs gehalten. Als das nicht mehr möglich war, hat er es geschafft, die Flügel der SPD wenigstens für eine gewisse Zeit zusammenzuhalten. Pech hat er mit seinen politischen Enkeln. Engholm geht nach einer Lüge zur Barschelaffäre. Scharping fehlt politisches Format und Lafontaine war schon immer ein politischer Populist und brutaler Egozentriker. Nur Schröder hat viel bewegt, dann aber eiskalt sich selbst den Vorzug vor dem Dienst an der Partei gegeben – und so das Feld den Zweitklassigen überlassen.

Der Architekt des Aufstiegs der SPD ist Herbert Wehner. Er war mein Vorbild: Stets an der Sache interessiert, mit glasklaren Perspektiven und scharfen Interventionen zu ihrer Absicherung. Mehrfach hat er in meiner Zeit als Verteidigungsminister im Kabinett meinen „politisches Kopf" gerettet, wenn es ums Geld geht. „Natürlich können Sie dem Apel die notwendigen Mittel verweigern. Dann geht er. Wird es dann billiger?"

Respekt hatten vor ihm alle, selbst Helmut Schmidt. Er wollte nicht abtreten als Fraktionsvorsitzender in den frühen achtziger Jahren und er konnte es auch nicht angesichts der internen Machtstrukturen der SPD. Und so verlischt sein Stern mit dem Ende unserer Regierungsbeteiligung. Er zieht sich mit Greta nach Öland zurück.

Ich erinnere mich: Ende Mai 1978 bin ich mit Herbert

Wehner in Hamburg in seiner kleinen Wohnung in der Nähe des U-Bahnhofs Schlump verabredet. Diese Wohnung liegt an einer vielbefahrenen Straße; der Verkehrslärm brandet herein. Die Tapeten an den Wänden fangen an zu vergilben. Die Möbel sind alt, wohl noch aus der Zeit gleich nach dem Krieg, als die Wehners dauernd in Hamburg lebten.

Mittendrin ein Mann wie ein Fels. Zwei Stunden lang analysiert er unsere politische Lage, ätzt die Wunden der SPD, geht mit manchem ins Gericht und lässt seine Menschlichkeit dennoch nicht klein werden. Ich schildere ihm meine Probleme auf der Hardthöhe und die Widerstände in Fraktion und Partei. Er rät mir und will mir helfen. Greta kocht für uns Kaffee. Herbert hat extra für mich Zigarren gekauft. Er schält uns beiden zwei Äpfel, die wir beim Diskutieren verspeisen.

Als ich Herbert Wehner verlasse, weiß ich wieder, wer Leuchtturm für mich ist. Er ist und wird mein politisches Vorbild sein, auch wenn unsere Lebenswege und damit unsere politischen Erfahrungen so ganz anders sind. Doch ich weiß nun, worauf es ankommt: unbestechlich, möglichst ohne Eitelkeit seinen Weg zu gehen, an der Sache orientiert. Wissen, wofür man lebt.

1983 segeln wir nach Öland. Ich rufe bei Wehners an, aber Greta wimmelt mich ab. Später erfahre ich, dass Herbert darüber sauer war. Er soll gesagt haben: „Die man nicht sehen will, kommen ungerufen, und die anderen verpasse ich."

Im Juli 1986 segeln wir erneut nach Öland. Diesmal lädt uns Greta ein. Aus meinem Tagebuch: „Wehner kommt zur Kaffeetafel, mühsam. Er ist alt und krank, auch wenn seine Erscheinung immer noch von seiner Kraft und seiner Gewalt kündet. Er kann kaum noch sprechen. Einmal schleicht sich ein fremder, schwarzer Hund durch den Garten. Herbert: ‚Da geht ein Hund.' Später beim Abendbrot sagt er zu Greta: ‚Ich wundere mich, wie viel Quatsch du redest.' Viel mehr sagt er nicht. Mal ein Kopfnicken, selten ein ‚Ja'. Streckenweise hört er aufmerksam zu, sein Gesicht zeigt Reaktionen. Ingrid sagt auf die Frage Gretas, wozu wir Eis an Bord bräuchten, ‚zum Bierkühlen'. Da lacht Herbert Wehner. Greta beherrscht die Szene. Sie weiß, was für Herbert gut ist. Sie macht ihm sein Essen, teilt es ihm zu.

Wir reden vor allem über die Vergangenheit und Tratsch von heute. Die Partei spielt kaum eine Rolle. Ich will nicht meine Urteile abgeben, wo doch Herbert nicht respondieren kann. Um 21.30 Uhr machen wir uns wieder auf den Weg. Herbert wird müde. Er bringt uns an die Gartenpforte. Er sagt: ‚Vielen Dank!' Ich sage: ‚Bis auf bald!' Er sagt: ‚Achtzig Jahre.' Und ich weiß, er will mir sagen, dass für ihn dieses Leben nicht mehr lange dauert. Es war ein wichtiger, aber bedrückender Nachmittag. Diesem Mann verdanke ich viel. Und so endet ein Menschenleben."

Beim Abschied sagt Greta: „Wenn ihr morgen nicht lossegeln könnt, holen wir euch wieder zu uns."

Ingrid sagt nach dem Abschied: „Das halte ich nicht noch einmal aus."

Am nächsten Morgen haben wir dicken Nebel. Dennoch laufen wir aus. Nur weg? Wir müssen den dichtbefahrenen Kalmar-Sund kreuzen. Und liegen nun in Bergvara fest. Am nächsten Tag kommt nach dem dicken Nebel Starkwind. Wir sitzen fest, aber nicht auf Öland.

Mein persönliches und politisches Leben begleitet seit über 50 Jahren Helmut Schmidt. Seit 1955 in Hamburg und danach in Luxemburg treffe ich Helmut Schmidt immer wieder. In Hamburg während der Bundestagswahlkämpfe, als Referent bei Veranstaltungen und in seiner Rolle als Abgeordneter des Europäischen Parlaments. Zu dieser Zeit werden die Europaabgeordneten noch aus der Mitte des Deutschen Bundestages gewählt und nach Europa delegiert. Er ist dort Mitglied des Verkehrsausschusses. Ich bin als Parlamentsbeamter erster Sekretär dieses Ausschusses. Seine Bonner Verpflichtungen lassen ihn nur unregelmäßig nach „Europa" kommen. Vielleicht auch deshalb sind unsere persönlichen Beziehungen in diesen Jahren kühl und distanziert.

Es sind die Hamburger Bundestagsabgeordneten Helmut Kalbitzer und Willi Berkhan, die mir den Kontakt nach Hause erleichtern. Besonders Helmut Kalbitzer verdanke ich viel. Als Vizepräsident des Europäischen Parlaments hilft er mir, den Sprung vom Sekretär der Sozialistischen Fraktion zum Beamten des Europäischen Parlaments zu schaffen.

Im Deutschen Bundestag lerne ich Helmut Schmidts Arbeitsweise kennen. Vor einer wichtigen Parlamentsdebatte oder der Lösung eines schwierigen Problems versammelt er in seinem Büro Genossen – vom stellvertretenden Fraktionsvorsitzenden, dem normalen MdB, bis hin zu Mitarbeitern der Fraktion – und macht mit uns ein Brain-Storming, bis ihm klar ist, wohin die „Reise" zu gehen hat. Jeder kann reden, nur keinen Stuss.

Das ist Helmut Schmidt: intellektuell überragend, detailverrückt, zupackend, nicht nachlassend. Normalerweise ist er während der Kabinettsitzungen genauso gut informiert wie der zuständige Fachminister, der seinen Gesetzentwurf vorträgt. Das zwingt die Minister, nur gut vorbereitet ins Kabinett zu gehen. Liebe und Zuneigung entstehen aber so nicht unbedingt.

Bei einer Vorlage zur Brüsseler Agrarpolitik von Josef Ertl, dem Landwirtschaftminister, widerspreche ich dem Kanzler. Er ist unwirsch. Doch ich beharre auf meinem Standpunkt. Er wettet mit mir um 5,- DM. Am nächsten Mittwoch wirft er mir am Beginn der Kabinettssitzung einen silbrigen Heiermann ohne Kommentar über den Tisch. Auch ich sage kein Wort. Denn ich weiß ja, wie ihn das wurmt.

Der Kampf um den Nato-Doppelbeschluss bringt uns menschlich nicht näher. Natürlich muss der Kanzler immer wieder darüber nachdenken, ob nicht ein Kurs möglich sein könnte, der einerseits unsere Deutschland- und Ostpolitik nicht im Strudel einer neuen Eiszeit verkommen lässt, andererseits aber auch die Solidarität im Bündnis und den Erhalt seiner friedenserhaltenden Politik der uneingeschränkten Verteidigungsfähigkeit sichert. Da kommen aus dem Kanzleramt schon auch verwirrende Signale. Doch der Verteidigungsminister muss Kurs halten. Das schafft mir einige Probleme. Als es dann aber darauf ankommt, stehen wir Seite an Seite und trotzen allen Opportunisten in der SPD.

Erst danach kommen wir uns menschlich immer näher. Vorher bin ich der junge Mann, dem vom Kanzler gewisse Aufgaben übertragen werden können, der aber weiterhin einer gewissen politischen Anleitung bedarf. Nachher – nach dem Ende unseres gemeinsamen Engagements in der SPD – nimmt unser politischer Altersunterschied langsam ab, obwohl ich an Lebensjahren 13 Jahre jünger als er bleibe. Seine politischen Urteile bleiben luzid. Aber nun kann er auch Widerreden ertragen, selbst wenn sie seiner Meinung nach nicht so ganz zutreffen.

Seit mehreren Jahren feiern wir mit Loki und Helmut am 23. Dezember im kleinsten Kreise zu acht Helmuts Geburtstag. Da spüren wir wechselseitig, was wir aneinander haben. Loki ist dabei mit ihrem Esprit und ihrer menschlichen Wärme etwas ganz Besonderes. Unser Volk verehrt die beiden. Wenn mich Mitmenschen in der Öffentlichkeit erkennen, kommt nach der ersten Frage: „Sind Sie Hans Apel?", sofort die Zweite: „Wie geht es Loki und Helmut? – Schöne Grüße." Viel verdanken Ingrid und ich den beiden.

Meine deutsche Einheit

Im August 1989 begleite ich als Vizepräsident des FC St. Pauli unsere Mannschaft zu einem Fußballturnier nach Erfurt. Später erfahre ich, dass die DDR-Funktionäre uns ausladen wollten, weil der Imperialist Apel das Team vom Millerntor begleitet. Doch dann haben sie nicht die Traute. Wir gewinnen dieses Turnier. Aber das nur nebenbei.

Eigentlich hätten wir merken müssen, dass sich seit unserem letzten Besuch bei unseren Verwandten in der DDR Grundsätzliches verändert hatte. Sonntags im Gottesdienst: Der Pastor sagt in seiner Predigt, er habe keinen Respekt vor denen, die über sozialistische Nachbarländer die DDR verließen. Respekt verdiene Erich Honecker, der in der Nazizeit standhaft widerstanden habe. Respekt habe aber auch Hans Apel verdient, der so standhaft für den Nato-Doppelbeschluss eingetreten sei, und er sei hier im Gottesdienst. Hinterher frage ich ihn, ob er verrückt geworden sei. Antwort: „Sie haben nichts verstanden."

Edith, die zu uns aus Neubrandenburg nach Erfurt gekommen war, wird mit uns zusammen immer wieder von der Stasi fotografiert. Als ich sie darauf anspreche, sagt diese DDR-Bürgerin: „Stasi! Das interessiert mich genauso wie die Wasserstandsmeldungen."

Bei unserer Ausreise fordert uns die Vopo auf, die Ladeklappen des Autobusses zu öffnen. Ich frage sie: „Vermuten Sie etwa, dass der FC St. Pauli Menschenschmuggel betreibt?"

Einer salutiert. „Nein, Herr Minister."

Und wir werden durchgewunken.

Und so kommt für mich die deutsche Vereinigung quasi aus heiterem Himmel. Die SPD hatte sich seit längerem auf einen politisch-ideologischen Flirt mit der SED eingelassen. Der plötzliche Zusammenbruch der DDR wird von ihr keineswegs begrüßt, eher bedauert. Nur Helmut Kohl greift beherzt zu. Doch irgendwelche Antworten auf die neuen Herausforderungen hatte er auch nicht. Und so stolpern wir blind und unvorbereitet in diesen neuen Abschnitt deutscher Politik.

Der Sachverständigenrat – die fünf Weisen – legt am 20. Januar 1990 ein Sondergutachten vor. Titel: „Zur Unterstützung der Wirtschaftsreform in der DDR – Voraussetzungen und Möglichkeiten."

Die deutsche Einheit ist zu diesem Zeitpunkt noch nicht vollzogen. Aber es ist bereits unbestritten, dass der Westen kräftig zur Kasse gebeten werden wird. Dennoch stellt der Sachverständigenrat fest: „Es besteht derzeit keine Veranlassung, den finanzpolitischen Kurs (der Haushaltskonsolidierung) der Bundesrepublik zu korrigieren."

In seinem Jahresgutachten 1990/91 vom November 1990 argumentiert der Sachverständigenrat zurückhaltender. Die deutsche Einheit war zur Jahresmitte vollzogen worden. Die Hoffnungen auf einen raschen Anstieg westlicher Investitionen in Ostdeutschland erfüllen sich nicht. Die Probleme kumulieren. Und dennoch kommen die fünf Weisen zu folgendem Ergebnis: „Perspektiven. Wenn alles gut läuft, kann sich die wirtschaftliche Entwicklung in den neuen Bundesländern schon im Verlauf des Jahres 1991 zum Besseren wenden. Unsere Prognose geht von dieser Grundannahme aus (Ziffern 261ff.). Es ist zweifellos eine optimistische Annahme, denn sie setzt darauf, dass die Modernisierung der Infrastruktur und der Produktionsanlagen zügig vorankommt, dass Qualität und Aufmachung der Produkte dem westlichen Standard zunehmend angepasst werden und dass die Effizienz der Verwaltung, die bislang noch sehr im Argen liegt, sich in raschen Schritten bessert.

Auch wenn es so kommt, wird die Wende auf dem Arbeitsmarkt erst nach der Wende bei der gesamtwirtschaftlichen Produktion einsetzen (Ziffern 285 ff.). Zu viel gilt es gegenüber der internationalen Konkurrenz an Produktivität aufzuholen, als dass die Schaffung und Besetzung neuer Arbeitsplätze schon bald den unvermeidlichen weiteren Abbau unrentabler alter Arbeitsplätze aufwiegen könnte, die vierzig Jahre sozialistischer Misswirtschaft in so großer Zahl hinterlassen haben. ... Zu den wichtigsten Standortbedingungen gehört dabei das Leistungsvermögen der Menschen. Hier könnte für die neuen Bundesländer ein ins Gewicht fallender Standortvorteil liegen, was freilich voraussetzt, dass das vorhandene Potential erst einmal zur vollen Entfaltung gebracht und die Leistungsmotivation gestärkt werden. Dazu sind noch beträchtliche Anstrengungen nötig. Anreize muss nicht zuletzt eine Lohnstruktur setzen, bei der es sich auszahlt, mehr und Besseres zu leisten (Ziffern 404 ff.)."

Diese Fehleinschätzungen führen den Sachverständigenrat dazu zu prognostizieren, dass zwar die Haushalte durch die Finanzierung der deutschen Einheit besonders gefordert werden, es dennoch aber möglich sein wird, die Nettoneuverschuldung bis 1995 auf Normalmaß zurückzuführen. Die deutsche Einheit sei auch ohne Steuererhöhungen finanzierbar ... Keiner hat eine Ahnung, was da auf uns zukommt. Aber alle reden drüber.

Und in der DDR ist es genauso. Jahrzehntelang hatten sie die verlogenen Parolen der Partei, oft wider besseres Wissen, nachgeplappert und dabei nicht schlecht gelebt, genauer: sich in dieser Mangelwirtschaft gemütlich eingerichtet. Nun bricht ihr Staat wie ein Kartenhaus zusammen. Kein Finger wird gerührt, um ihn zu retten. Nun wollen sie den Sozialismus mit menschlichem Gesicht. Konkret: Wir jagen die Partei- und

Gewerkschaftsbonzen weg. Es bleibt aber bei der sozialistischen Gemütlichkeit. Wir können endlich die Klappe aufmachen. Noch wesentlicher: Der westliche Wohlstand kommt nun zu uns. Was sie erwarten ist: „Gänsebraten auf Krankenschein."

Durch persönliche Fürsprache komme ich zu neuen Aufgaben in Ostdeutschland. Die Treuhandanstalt spielt dabei keine Rolle. Hans-Otto Schwarz, ehemals sozialdemokratischer Wirtschaftsminister in Baden-Württemberg von 1966 bis 1972 fragt mich im April 1990, ob ich bereit sei, Aufsichtsratsvorsitzender von Schwarze Pumpe zu werden. Ich sage zu. Die Treuhandanstalt sendet mir nun einen hektographierten Brief, mit dem sie mich zum Aufsichtsratsvorsitzenden bestellt.

Die friedliche Revolution im Oktober 1989 hatte vorerst keinerlei Echo im Lausitzer Braunkohle-Revier gehabt. Verständlich ist das. Der SED-Staat hatte nach der Ölpreisexplosion der siebziger Jahre und der entsprechenden Verteuerung seiner Rohölieferungen aus der Sowjetunion seine nationale Energieversorgung auf die heimische Braunkohle umgestellt. Die Lausitz, zusammen mit dem mitteldeutschen Braunkohlerevier, ist das energiepolitische Herz der DDR. Ohne ihre Strom-, Stadtgas-, Briketterzeugung stehen in der DDR alle Räder still. Über 80 Prozent der DDR-Stromerzeugung kommen aus Braunkohlekraftwerken. Das Stadtgas geht in ein DDR-weites Rohrnetz. Die Haushalte werden fast ausschließlich mit Brikett geheizt, große Wohnanlagen mit dem Einsatz von Rohbraunkohle in Heizkraftwerken. 77.000 Menschen arbeiten in der Lausitz bei der Braunkohle. Heute sind es noch rund 6.000 Arbeitnehmer.

Der SED-Staat behandelt die Arbeitnehmer der Braunkohle bevorzugt. Ihre Löhne sind deutlich höher als in anderen Wirtschaftszweigen. Das Kombinat Schwarze Pumpe hat ein eigenes Theater, viele Werkswohnungen, Sportstätten und einen eigenen Fußballverein. Die Plätze in ihren Ferienwohnanlagen vergibt der FDGB. Die Arbeitnehmer nehmen kostenlos die Dienste ihrer Polikliniken, ihrer Kindergärten und des Personen-Werkverkehrs in Anspruch.

Der SED-Staat hatte in Hoyerswerda eine neue Stadt hochgezogen mit einem für die DDR qualitativ hohen Standard. Auch das lockt von überall her insbesondere junge Arbeitnehmer an. Hier soll sich eine sozialistische Gesellschaft in einer sozialistischen Stadt entwickeln. Sehr weit her kann es damit allerdings nicht gewesen sein. Brigitte Reimann, die längere Zeit am Aufbau von Hoyerswerda als Mitarbeiterin von Schwarze Pumpe beteiligt war, schildert in ihrem 1974 in Ostberlin erschienenen Roman „Franziska Linkerhand" das Leben in Hoyerswerda. Sie spricht von „Schlafkammern aus Beton", von „Komfort-Kasernen", von „jahrelang ungepflasterten Plätzen", den „nächtlichen Überfällen". „Es gibt Abende, sagte ich, an denen die Luft knistert (…) eine Spannung, die mir bange macht wie nahendes Gewitter (…). Die Älteren vorm Fernseher. Kein Kino-Freitag. Kein Tanzabend in diesem Bumslokal in der Altstadt. Die Halbstarken an einer Straßenecke, die gelangweilten Mienen trotz Kofferheule, trotz der zottigen Mädchen. Gelangweilt? Ich weiß nichts von ihnen, nicht, was sie denken und reden – wenn sie überhaupt mal reden –, spüre bloß, es bereitet sich was vor." (Brigitte Reimann, Franziska Linkerhand, Berlin: Neues Leben, 1974, © Aufbau Verlag GmbH & Co.KG, Berlin, S. 511).

Erst nach der Wende wird es im Kombinat lebendig. Auf einer Belegschaftsversammlung Anfang Dezember 1989 fordern Redner die Ablösung „der senilen Führungskader". Und die leisten keinen Widerstand. Sie laufen weg oder versuchen sich anzupassen. Kämpfen für die alte Ordnung will keiner. Man war über die Jahre mürbe geworden und hatte den Glauben an den Sozialismus schrittweise verloren. Jetzt geht es nur noch darum, auch unter den neuen Vorzeichen zu überleben. Die SED-Führungsspitze löst sich in Nichts auf.

Das Machtvakuum ist perfekt. Die Zentralmacht der DDR in Berlin unter den Ministerpräsidenten Hans Modrow und Lothar de Maizière taumelt der deutschen Einheit entgegen. In den Kabinetten sitzen zwar sogenannte Fachminister, so der „Minister für Umwelt, Naturschutz, Energie und Reaktorsicherheit".

Doch welche politischen Signale soll er eigentlich in Richtung des Kombinats Schwarze Pumpe senden? Die alte zentrale Planwirtschaft hatte ihr Leben ausgehaucht. Die deutsche Einheit ist nicht mehr aufzuhalten. Doch was bedeutet die neue Wirtschaftsordnung für die Fortführung der wirtschaftlichen Aktivitäten von Schwarze Pumpe? Die Briefe nach Berlin und die Antworten an das Kombinat beweisen die politische Hilf- und Perspektivlosigkeit auf beiden Seiten. Also macht man auf der Produktionsseite weiter so wie bisher.

Am 1. März 1990 überträgt die Regierung Modrow das Volkseigentum der DDR zur treuhänderischen Verwaltung an die Treuhandanstalt. Sie wird durch den Einigungsvertrag zu einer rechtsfähigen bundesunmittelbaren Anstalt des öffentlichen Rechts. Das Kombinat hat einen neuen „Eigentümer".

Doch das bedeutet für viele Monate überhaupt nichts. Wenn das Kombinat nicht auseinanderbricht, weiterarbeitet und die DDR mit Energie versorgt, dann nur deshalb, weil der neue Gewerkschaftsvorstand die Verantwortung übernimmt.

Als ich im Herbst 1990 als Aufsichtsratsvorsitzender der Energiewerke Schwarze Pumpe für die „Treuhand" in die Lausitz komme, hat sich an dieser Situation nur wenig geändert. (Später werde ich auch AR-Vorsitzender der Lausitzer Braunkohle AG und der Lauchhammer GmbH.) Nur die Rechtsform dieser Kombinate hatte sich durch das „DM-

Bilanzgesetz" der Volkskammer geändert. Die zum 1. Juli 1990 aufzustellenden Eröffnungsbilanzen geben uns noch in der kommenden Zeit viele Probleme auf – vor allem Bewertungsfragen.

Von der Treuhandanstalt kommen keinerlei sinnvolle Weisungen. Wir haben vor Ort „plein pouvoir". Wir bestellen den Vorstand. Da wir beschließen, montan-mitbestimmt zu sein, benennt die Industriegewerkschaft Bergbau und Energie – sie hatte zwischenzeitlich die Nachfolge der entsprechenden FDGB-Gewerkschaft angetreten – diesen Mann für den Vorstand. Bei diesem Vorgang wird klar, dass das Erbe der Wende nicht weitergetragen werden kann.

Denn die Reaktion auf die jahrzehntelange Gängelei durch SED und FDGB besteht nun in einer peinlichen Beachtung der demokratischen Spielregeln durch die in der Verantwortung stehenden Gewerkschafter im Betrieb. Demokratisierung bedeutet für sie dabei zweierlei: Dem vorhandenen technischen und dem betrieblichen Sachverstand Durchbruch zu verschaffen, vor allem aber, den Mehrheitswillen unverfälscht zur Geltung zu bringen.

Solche Prinzipien kosten bei ihrer strikten Beachtung viel Zeit und damit auch Rentabilität. Für die Westdeutschen ein Zeichen von Entscheidungsschwäche der ostdeutschen Betriebs- und Gewerkschaftsfunktionäre.

Hier prallen nach der Wende unterschiedliche Grundauffassungen von west- und ostdeutscher Gewerkschaftsarbeit frontal aufeinander. Die ostdeutschen Gewerkschafter, in ihrer Mehrheit frühere Kader des FDGB, treffen auf Funktionäre der Industriegewerkschaft Bergbau und Energie, die keineswegs basisorientiert sind. Das Zwischenspiel geht langsam zu Ende. Schrittweise übernimmt die Bochumer Industriegewerkschaft Bergbau und Energie die Macht. In ihren Vorstellungen ist kein Platz für Basisdemokratie.

In der Lausitz kann sich niemand vorstellen, dass das energiepolitische Herz der DDR im vereinten Deutschland an Bedeutung verlieren wird. Die mir im Herbst 1990 vom Vorstand
der Energiewerke Schwarze Pumpe vorgelegten Prognosen
erwarten selbst für den Brikettabsatz Zuwächse: Natürlich
wird es Personalreduzierungen geben. 800 Parteifunktionäre
sind bereits gefeuert worden. Doch die große Mehrheit wird
bleiben. Und sie wird in den Genuss des westdeutschen Lohn-
niveaus kommen.

1991 steigt das Bruttoeinkommen der Arbeitnehmer in der
ostdeutschen Braunkohle aufgrund der abgeschlossenen Tarif-
verträge um 36 Prozent, 1992 um weitere 45 Prozent. Probleme haben viele Arbeitnehmer damit, dass nun in der ostdeutschen Braunkohle Lohnstrukturen nach westdeutschem
Vorbild durchgesetzt werden, die den gleichmachenden Ideen
der DDR nicht mehr entsprechen. Das schafft Ärger. Denn
nun kommt es zu Lohndifferenzen, die es in diesem Umfang
bisher nicht gab.

Bereits 1991 rollt die Entlassungswelle an. Die Braun-
kohle-Unternehmen werden personell „verschlankt". Da
werden nicht nur die DDR-Service-Angebote im Bereich der
Gesundheit, der Familien, der Kultur und des Sports abgesto-
ßen, auch im Kernbereich der Produktion und der Verwaltung
kommt es zu harten Einschnitten. Insbesondere die Brikett-
produktion bricht zusammen. So geht es auch dem erzeugten
Stadtgas. Der Siegeszug von Heizöl und Erdgas kann nicht
gestoppt werden.

Wir stehen mit den Herausforderungen allein da. Von
der Treuhandanstalt in Berlin kommen entweder unsinni-
ge Anweisungen, die wir ohne Risiko beiseitelegen können,
oder aber Anregungen, die wir bereits umgesetzt hatten. Die
Treuhandbürokratie stört nur. Allerdings bleibt es mir nicht
erspart, einen Teil meiner Arbeitszeit in den Berliner Amts-

stuben zu verbringen, um Schlimmeres zu verhindern. Das Klima zwischen Berlin und uns verschlechtert sich. Dieter Schwirten, der Vorstandsvorsitzende von Schwarze Pumpe – ausgeliehen von Rheinbraun – erinnert daran, dass die Treuhandanstalt in Berlin im Gebäude des ehemaligen Reichsluftfahrtministeriums residiert. „Früher tummelten sich in diesem Gebäude Uniformierte, heute sind es Uninformierte."

Klaus Schucht, das für uns zuständige Vorstandsmitglied der Treuhandanstalt, ist der „Wehrwirtschaftsführer Ost". Für Schucht sind die Leute von Rheinbraun, die späteren Erwerber, „Kolonialisten, die auf Beutezug sind".

In diesen Jahren bis Mitte 1994 verbringe ich wöchentlich viele Stunden im Auto. Ich werde nach meinen Vorlesungen in Rostock von einem Dienstwagen abgeholt, bin dann zwei/drei Tage in der Lausitz und fliege von Dresden nach Hamburg. Ich wohne im Lehrlingswohnheim in Hoyerswerda mit vier Betten im Schlafzimmer und zwei Toiletten im Waschraum.

Ich bin für die Mitarbeiter der Boss. Im Werk nehmen die einzelnen Werksleiter Haltung an und machen im wahrsten Sinne des Wortes Meldung. Typisch dafür ist das Verhalten eines Vorarbeiters in der Brikettfabrik. Dieser ergraute Mann reißt seine Mütze vom Kopf und teilt mir in strammer Haltung mit: „Herr Minister ... keine besonderen Vorkommnisse."

Mein Erschrecken und meine Kritik werden nicht verstanden. Auch im Sozialismus musste schließlich Ordnung gehalten werden. Auch das findet künftig mit mir nicht mehr statt. Doch der alte SED-Staat ist noch überall lebendig.

Der Personalabbau wird von Jahr zu Jahr immer teurer. Als wir den Jahrgang 1943 mit 52 Jahren in den Vorruhestand schicken, muss das Unternehmen pro Arbeitnehmer 127.000 DM aufwenden. Für den Jahrgang 1945 sind es bereits 166.000

DM. Gut die Hälfte zahlt der Fiskus, also der Steuerzahler. Dazu kommen die beachtlichen Zahlungen der Bundesanstalt für Arbeit für die Jahre, in denen Kurzarbeitergeld und Arbeitslosenunterstützung fällig werden. In den Westen will keiner gehen. Einer von ihnen hatte das gemacht und war von Hoyerswerda nach Baden-Württemberg zu seiner Tochter gezogen. Dort erhält er sofort Arbeit und das Geld ist weg. „So blöd sind wir doch nicht!", sagen sie und bleiben zu Hause.

Es ist gesellschaftspolitisch mehr als problematisch, wenn ein ganzer Jahrgang mit 52 Jahren und 80 % seines bisherigen Nettolohnes, also materiell anständig versorgt, in den Vorruhestand geht und damit zum offiziellen Nichtstun verurteilt wird. Volkswirtschaftlich ist diese Politik eine Katastrophe. Wir setzen Milliardenbeträge ein, um jüngeren Menschen vorzeitig ihr Nichtstun zu finanzieren. Schwarzarbeit bleibt möglich. Diese Milliarden fehlen uns, um durch die Senkung der Steuern und der Sozialabgaben unsere internationale Wettbewerbsfähigkeit zu verbessern, Forschung und Entwicklung finanziell zu fördern, unsere Infrastruktur in Ordnung zu halten. Diese Politik wird erst durch die Agenda 2010 schrittweise beendet.

Zu dieser Politik des materiell abgefederten Personalabbaus gibt es dennoch keine Alternative, auch wenn sie unser Gemeinwesen mit großen Kosten belastet. Nur diese großzügige Politik verhindert in der Lausitz soziale Explosionen. Die Entlassenen sind zwar enttäuscht von den Konsequenzen der deutschen Einheit. Doch massive Proteste hat es nicht gegeben. Zumindest das ist bei einer vorläufigen Bilanz positiv zu vermerken.

Andererseits muss darauf hingewiesen werden, dass ein vergleichbarer Personalabbau an Rhein und Ruhr selbst bei vorzüglichen Sozialplanregelungen zu einem „Aufstand" geführt hätte. Und dann hätte die Bundesregierung gehandelt. Insofern gibt es schon bedeutende Unterschiede zwischen Ost und West.

Und damit stellt sich die Frage, warum die Arbeitnehmer diesen massiven Stellenabbau so passiv hingenommen haben. Vierzig Jahre hieß es: „Seid angepasst, ordnet euch unter und ihr werdet versorgt."

Doch nun gilt: „Kümmert euch selbst um eure Belange, ihr müsst sehen, wo ihr bleibt!"

Das aber gelingt den Arbeitnehmern nicht. Und „Führer" für einen organisierten Widerstand fehlen auch. Die SED-isten sind diskreditiert. Die Neuen kommen aus dem Westen.

Ich rackere, fälle Entscheidungen, rede mit den Betroffenen und bin mit meinem Stress glücklich. Dennoch ist es nicht sicher, ob ich wirklich etwas bewege. Denn im Hintergrund steht Rheinbraun. Es hat einen Teil der Vorstandsmitglieder für die Braunkohleunternehmen in der Lausitz abgestellt. Das war unvermeidlich, denn nur sie sind vom Fach. So ist Rheinbraun bestens informiert. Bereits in den achtziger Jahren hatte ein mit den Braunkohle-Kombinaten der Lausitz verabredeter Informationsaustausch Rheinbraun die Möglichkeit verschafft, sich ein gutes Bild über die hiesigen Produktionsanlagen und ihren Marktwert zu verschaffen. So können die „Filetstücke" nach der Wende ohne größere Probleme ausgemacht werden. Und nur sie sind für den Käufer, einem Konsortium von Rheinbraun, Bayernwerke, Preußen-Elektra, RWE-Energie interessant.

Die Treuhandanstalt will für diese „Filetstücke" 4,1 Mrd. DM erlösen. Das Bieter-Konsortium will 800 Millionen DM auf den Tisch legen. Ende Februar 1994 werden die Verkaufsverhandlungen abgeschlossen. Die Treuhandanstalt setzt eine „Sondermeldung" an den Bundeskanzler ab. Tatsächlich kommt die Treuhandanstalt nach ihren eigenen Berechnungen durch den Verkauf der Lausitzer Braunkohle lediglich auf einen Barwert von 2,1 Mrd. DM. Und diese Summe ist nicht nur kümmerlich, sondern auch noch stark geschönt.

Wesentlicher ist aber, dass die Käufer ein Unternehmen übernehmen, das durch die Treuhandanstalt finanziell nobel ausgestattet ist. Die Summe des Eigenkapitals der privatisierten Laubag beläuft sich am 1. Januar 1994 auf 1,45 Mrd. Mark. Der Hauptposten ist dabei die Sonderrücklage in Höhe von 1,4 Mrd. Mark.

Diese Sonderrücklage ermöglicht es dem Unternehmen, das Grundkapital der Laubag zu erhöhen, ohne dass die Eigentümer neues Kapital zuführen. Der Anteil des Eigenkapitals der privatisierten Laubag an seiner Bilanzsumme beläuft sich auf 46 Prozent. Dieser Anteil am Eigenkapital entspricht dem Anteil bei Rheinbraun. Die privatisierte Laubag erhält aus dem Bestand des Treuhandunternehmens Wertpapiere, Schuldscheindarlehen und flüssige Mittel in Höhe von 401 Millionen Mark als betriebsnotwendige Liquidität.

Für mich steht fest: Die Treuhandanstalt hat die Lausitzer Braunkohle verscherbelt. Die Altlasten und die Kosten des nicht privatisierten Auslaufbergbaus bleiben beim Fiskus, also am Steuerzahler hängen. Natürlich stand die Treuhand unter Zeitdruck, denn die Privatisierung sollte bis Ende 1994 abgeschlossen werden. Das entschuldigt aber nicht ihr Versagen bei dieser Privatisierung. Im Übrigen: Die Laubag verdient in allen Geschäftsjahren nach ihrer Privatisierung ihre Abschreibungen und kann die hohen Sozialplankosten des Personalabbaus aus eigener Kraft finanzieren. Es gelingt, in jedem Geschäftsjahr eine achtprozentige Dividende an die Gesellschafter auszuzahlen. Allerdings wird es bei rückläufiger Geschäftstätigkeit immer schwieriger, die verdienten Abschreibungen auf das Anlagekapital in Sachanlagen zu reinvestieren.

So werden Teile des cash flow in Finanzanlagen investiert. Sie wachsen über das Maß hinaus, das zur Finanzierung der bilanziell eingestellten Rückstellungen für eine spätere Rekultivierung der vom aktiven Bergbau in Anspruch genommenen Flächen erforderlich ist. Für mich ist damit „die Laubag eine Bank mit Bagger".

Mit der Privatisierung im Juli 1994 erlischt mein Mandat als Aufsichtsratsvorsitzender der Treuhandanstalt. Da das Unternehmen der Montanmitbestimmung unterliegt, bestellen die Anteilseigner elf Vertreter ihrer Interessen im Aufsichtsrat. Die gleiche Zahl steht den Vertretern der Arbeitnehmer zu. Der 23. neutrale Mann, von beiden Seiten gewählt, soll durch seine Stimme eine etwaige Pattsituation im Aufsichtsrat auflösen. Ich werde zum neutralen Mann gewählt. Während ich bis zur Privatisierung für wenig Geld viel arbeiten musste, ist es jetzt genau umgekehrt. Die wenigen Sitzungen werden anständig honoriert. Ich empfehle, mir meine Tantiemen „in einer Geschenkpackung zu überreichen", denn meinen Aufsichtsratsvergütungen stehen keine Arbeitsleistungen von Belang gegenüber.

Und zu Streitfragen im Aufsichtsrat kommt es auch nicht. Wir werden ferngesteuert. Kurze Sitzungen werden mit einem frugalen Buffet abgeschlossen. Die relevanten Entscheidungen fallen anderswo. Sollte es zu Meinungsverschiedenheiten zwischen den Eigentümern und der Gewerkschaft kommen, werden sie anderenorts ausgeräumt. Dieses Modell der Mitbestimmung funktioniert aber nur dann, wenn die Arbeitnehmerbank im Aufsichtsrat von einer Gewerkschaft gesteuert wird, die auch die Interessen des Unternehmens klar erkennt, kompromissbereit ist und auf sinnlose Aktionen vor Ort verzichtet. Das macht es nicht immer leicht, die aktiven Gewerkschafter im Unternehmen bei der Stange zu halten. Doch die Gewerkschaft hat dank ihrer Machtstruktur des „demokratischen Zentralismus" viele Möglichkeiten, unbotmäßige Funktionäre auszuschalten oder „umzupolen".

Im Jahre 2000 wollen unsere Hauptaktionäre RWE und Veba mit den Stromproduzenten VEW bzw. Viag fusionieren, um ihre nationale und ihre europäische Machtposition wesentlich zu verbessern. Das ruft das Bundeskartellamt und die Brüsseler Wettbewerbshüter auf den Plan. Den beiden Stromerzeugern wird zur Sicherung des Wettbewerbs auf dem deutschen Strommarkt aufgegeben, innerhalb von sechs Monaten ihre Anteile an der Laubag und der VEAG (dem Stromerzeuger auf Braunkohlebasis in Ostdeutschland) zu verkaufen.

Der wirtschaftliche Treppenwitz dieser Entscheidung der Wettbewerbsbehörden zeigt sich heute. Die nun geschaffenen vier „Stromriesen" in Deutschland – EON, RWE, Vattenfall und EnBW – beherrschen den deutschen Markt. Sie erhöhen kontinuierlich ihre Energiepreise. Das Geschrei der Politiker in Berlin und Brüssel ist riesengroß. Sie überbieten sich an Vorschlägen, um Abhilfe zu schaffen. Die Konsumenten aber zahlen.

Die schwedische Vattenfall erwirbt die ostdeutsche Stromerzeugung, dazu die Hamburger Elektrizitätswerke mit ihren Kernkraftwerken und die Berliner BEWAG. Für die ostdeutsche Stromerzeugung zahlt Vattenfall 2,9 Mrd. DM. Das ergibt einen satten Gewinn für die Verkäufer. Aber auch ein großartiges Geschäft für Vattenfall. Das Unternehmen macht auf dem deutschen Markt Riesengewinne, die sich sehr positiv bei der schwedischen Mutter niederschlagen. Und so erfüllt sich die von der Treuhand geforderte Privatisierung auf perverse Weise: Über Umwege landen die ehemaligen staatlichen Stromkombinate der DDR bei dem staatlichen Stromriesen Vattenfall.

Im April 2005 endet mein Aufsichtsratsmandat, weil ich inzwischen die Altersgrenze von 72 Jahren überschritten habe. Es gibt eine honorige Abschiedsfeier.

Die Teilung Deutschlands und die Berlinblockade der Sowjets führen dazu, dass die DDR von ihren traditionellen Bezugsquellen für Eisen und Stahl aus Westdeutschland abgeschnitten wird. Die Sowjetunion und die anderen RGW-Staaten sind nicht in der Lage, für einen angemessenen Ausgleich zu sorgen, da ihre eigenen Kapazitäten das nicht hergeben. Und so beschließen die Verantwortlichen, in der DDR ein eigenes Hüttenkombinat nach dem Vorbild ihres großen Bruders aufzubauen nach dem Motto: „Von der Sowjetunion lernen, heißt siegen lernen."

Obwohl der Standort des neuen DDR-Hüttenkombinats bei Frankfurt/Oder als Alternative zu Ückermünde an der Ostsee deutliche Kostennachteile aufweist, die Transportkosten für das Eisenerz sind dort deutlich niedriger, entscheidet sich die SED-Spitze aus „militärstrategischen Gründen" für den Standort an der Oder. Nach sowjetischem Vorbild wird am 1. Januar 1951 der Grundstein für den ersten Hochofen gelegt. Die Bauarbeiten für eine neue sozialistische Stadt neben dem Kombinat beginnen ebenfalls auf der grünen Wiese. Das Hüttenkombinat zieht viele, vor allem junge Menschen an. Der Name spricht Bände: „Eisenhüttenkombinat J. W. Stalin". Und so heißt auch die neue Stadt „Stalinstadt". Die Aufdeckung der monströsen Verbrechen von Stalin auf dem 20. Parteitag der KPDSU führt mit einer Verspätung von fünf Jahren im Spätherbst 1961 dazu, dass „Stalin" gestrichen wird. Nun heißt es schlicht „Eisenhüttenkombinat Ost". Die Stadt heißt nun „Eisenhüttenstadt".

Mitte 1967 beschließt der DDR-Ministerrat, den Ausbau des Kombinats zu einer kompletten metallurgischen Produktionseinheit zu stoppen. Die dazu notwendigen Investitionsmittel können nicht bereitgestellt werden. Erst 1981 geht es weiter. Die Voest-Alpine aus Österreich baut ein Konverterstahlwerk, das im März 1984 in Betrieb geht. Doch das dringend benötigte Warmwalzwerk kann nicht mehr gebaut werden.

Der DDR geht immer mehr die „wirtschaftliche Puste aus". Und so müssen die Produkte des Kombinats für gutes Geld über Hunderte von Kilometern zur Weiterverarbeitung auch nach Westdeutschland gefahren werden, ehe sie marktfähig werden.

In diesem Zustand erreicht das Kombinat die Wende. Im Mai 1990 wird daraus die EKO-Stahl AG. Die Treuhandanstalt ist der neue Eigentümer der AG. Die Umstrukturierung beginnt, begleitet mit einem massiven Personalabbau. Das fehlende Warmwalzwerk wird gebaut. Im Oktober 1992 scheitert trotz eines klaren Unternehmenskonzeptes und weitreichender Zusagen vonseiten der Treuhandanstalt die Privatisierung von EKO durch seinen Verkauf an die Krupp AG.

Die westdeutsche Stahlindustrie leidet in diesen Jahren an deutlichen Überkapazitäten. Da hat man kein Interesse daran, dass sich diese Probleme durch die Übernahme von EKO-Stahl noch verschärfen. EKO soll nach dem Willen der westdeutschen Stahlbosse in Etappen stillgelegt werden.

Und so kommt Riva zum Zuge. Die Riva-Gruppe betreibt in Oberitalien, aber bereits auch in Ostdeutschland Stahlwerke. EKO wird in eine GmbH umgewandelt. 60 Prozent gehen an Riva. 40 Prozent bleiben vorerst bei der Treuhandanstalt, so beschließt es die Berliner Behörde am 18. Januar 1994. Die Bemühungen zur Privatisierung scheitern. Am 13. Mai 1994 erklärt die Riva-Gruppe, sie sei nicht mehr bereit, EKO-Stahl zu erwerben.

Nun komme ich ins Spiel. Nach einem langen Telefongespräch fliege ich zusammen mit Birgit Breuel nach Berlin zur Treuhandanstalt. Eine große Runde hat sich versammelt, um EKO zu retten: Die Potentaten der Treuhand, der brandenburgische Ministerpräsident Manfred Stolpe, die Vertreter von EKO, der Oberbürgermeister von Eisenhüttenstadt, Dr. Ludewig als Vertreter des Bundeskanzlers. Die Stimmung ist gedrückt. Einig ist man, mit Riva konnte es nicht gut gehen. „Mit 40 Mann sind sie im Betrieb einmarschiert. Alles haben sie infrage gestellt und jeden Widerspruch niedergemacht mit dem drohenden Hinweis einer späteren fristlosen Entlassung nach dem Wechsel des Eigentümers. Apel, der designierte Kandidat für den Neutralen im Aufsichtsrat, sei ein Linker. Die Montan-Mitbestimmung müsse weg."

Die Runde einigt sich darauf, dass ich für die Treuhandanstalt einen neuen Käufer suchen solle. Das ist vor allem ein taktischer Schritt. Viel Hoffnung hat keiner. Und so beginne ich meine Tätigkeit als „Handelsvertreter" für den Noch-EKO-Eigentümer Treuhandanstalt. Die merkwürdigsten Interessenten treten auf: eine Investorengruppe um die Prinzessin von Anhalt, Ölscheichs aus dem Mittleren Osten. Ich telefoniere mit Herrn Wong. „Sofort nach Peking fliegen", lautet die Parole. Doch vorher platzt dieses Windei. Denn Herr Wong verlangt vorher von der Treuhand eine beachtliche Summe, quasi als Vorschuss auf seine Provision. Ernsthafter sind die Gespräche mit der Hegemann-Gruppe aus Bremen. Doch am Ende scheitern sie. Auch Mittelständler bewerben sich nach dem Motto „Tante-Emma-Laden übernimmt Aldi". Solche Verhandlungen kosten nur Zeit. Doch die Treuhandanstalt verlangt, dass wir jedem Angebot nachgehen.

Und so landen wir nach monatelangem Suchen bei Cockerill-Sambre, einem wallonischen Stahlunternehmen der öffentlichen Hand. Dieses ertragsschwache Unternehmen in Belgien ist bei Lichte besehen nicht in der Lage, den Brocken EKO-Stahl zu übernehmen. Das wird nur dadurch möglich, dass die Treuhandanstalt und das Land Brandenburg massiv mit Steuermitteln einsteigen. Insgesamt leistet die Treuhandanstalt mehr als eine Mrd. DM. Dazu kommen beträchtliche Landesmittel.

Der „Mittelständler" Cockerill-Sambre mit seinen wettbe-
werbsschwachen Kapazitäten in Wallonien übernimmt für ein
„Trinkgeld" das modernste Stahlwerk in Europa. Nun wird
endgültig klar, wie blöd die deutschen Stahlkonzerne waren.
Sie wollten EKO an die Wand fahren lassen und haben sich
so um dieses „Schnäppchen" gebracht. Deutlich ist aber auch,
wie falsch die Privatisierungs-Ideologie ist. EKO-Stahl hätte
sich sehr wohl allein auf dem Stahlmarkt behaupten können,
zumindest für einige Jahre. Das aber wird nicht zugelassen.
Und so wird EKO verscherbelt.

Doch Cockerill-Sambre wird im Jahre 1999 von dem französischen Stahlkonzern Usinor übernommen. EKO hat schon
wieder einen neuen Eigentümer. Seine Eigenständigkeit geht
verloren. Aber schlimmer noch, Usinor ist keineswegs so fi-
nanzkräftig, wie wir es erwartet hatten. Wir müssen unsere
überschüssige Liquidität an den Konzern abliefern. Wir erhalten dafür bescheidene Zinsen. Selbst bei kleinsten Repa-
raturen schaltet sich die Konzernspitze ein und stoppt sie,
wenn das irgend möglich ist. Die Finanzlage des Konzerns
ist angespannt. Und so wechselt im Jahre 2001 erneut unser
Eigentümer. Usinor fusioniert mit Aceralia in Spanien und der
Arbed in Luxemburg. Der neue Konzern heißt Arcelor.

In den Leitungsgremien des neuen Konzerns ist EKO
nicht vertreten. Keiner weiß, wie es weitergehen soll. Vor allem eins ist klar: „Eine Sonderwurst für EKO wird nicht mehr
gebraten", so der zuständige IG Metallchef Hasso Düvel. Dabei macht sich die Gewerkschaft vor allem Sorgen um ihren
Einfluss bei EKO. Natürlich bleibt es bei der deutschen Montanmitbestimmung und der Funktion des gewerkschaftlichen
Arbeitsdirektors im EKO-Vorstand. Doch ihr Einfluss ver-
siegt, weil internationale Vorgaben vor Ort nicht ausgehebelt
werden können.

Die IG Metall hat mit dieser Entwicklung große Probleme.

Hasso Düvel am 12.9.2003: „Wir müssen die weitere Entwicklung genau beobachten. Unter Umständen steckt dahinter eine Strategie, den Standort systematisch schlecht werden zu lassen, um dann EKO schließen zu lassen."

Da werde ich wütend: „Hört auf mit euren Verschwörungstheorien. Dieser Standort ist gut dank der massiven Investitionen mithilfe des deutschen Steuerzahlers. Wir müssen hart dafür arbeiten, dass er noch besser wird."

Ich weigere mich auch, Ende November einer Initiative der IG Metall im Aufsichtsrat von EKO-Stahl zuzustimmen, die den Konzern zwingen soll, in der Region Ersatzarbeitsplätze für etwaige entlassene EKO-Mitarbeiter zu schaffen. Die Gewerkschaft übersieht dabei, dass die EKO-Arbeitnehmer bis zu 50 Prozent mehr verdienen als ihre Kollegen in der Region.

Die Treuhandanstalt hatte EKO-Stahl verscherbelt. Ein Eigentümer nach dem anderen gibt sich bei uns die Klinke in die Hand. Jeder will mit dem Erwerb des modernsten Stahlwerks in Europa einen Reibach machen. Doch die EKO-Story ist damit noch nicht beendet. Nach meinem Ausscheiden aus dem Aufsichtsrat im März 2004 will der damals größte Stahlkonzern der Welt, die indische Mittalgruppe, Arcelor übernehmen. In einer monatelangen Kontroverse versucht Arcelor, diese feindliche Übernahme mit allen Mitteln zu verhindern. Ohne Erfolg.

Ende Juni werden Arcelor und Mittal zu Arcelor-Mittal fusioniert. Damit entsteht der weltweit größte Stahlkonzern mit mehr als 60 Werken in 27 Ländern und 320.000 Mitarbeitern. Konzernchef wird der Inder Lakshmi Mittal. Er bestimmt über knapp ein Zehntel der Jahresweltproduktion. In seinem Vorstand findet sich kein Arbeitnehmervertreter. Im Aufsichtsrat sitzen drei Arbeitnehmervertreter von 15 Mitgliedern. Der anhaltende Stahlboom sichert den Stahlwerken weltweit volle Auftragsbücher. Er endet Ende 2008. Heute ist

EKO-Stahl eine fremdbestimmte Produktionseinheit eines Weltkonzerns.

*

Kann ich aufgrund meiner spezifischen Erfahrungen ein Fazit der Privatisierung der DDR-Kombinate ziehen? Nur in Grenzen, obwohl nur wenige Beispiele bekannt sind, die eindeutig erfolgreich abgeschlossen wurden. Für mich ist klar, dass die Treuhandanstalt mit ihren Aktivitäten bloß mäßig erfolgreich war. Viele Milliarden hat sie ohne klare Zielvorgaben eingesetzt und viel Geld in den Sand gesetzt. Die Vorgaben der Bundesregierung: Privatisierung so schnell wie möglich, wurden umgesetzt, auch wenn das ökonomisch falsch war. Viele Erwerber wurden zulasten des deutschen Steuerzahlers reich beschenkt.

Natürlich waren die DDR-Kombinate leistungsschwach, zum Wettbewerb nicht fähig. Deshalb waren Personalabbau, Werksschließungen und milliardenschwere Investitionshilfen unvermeidlich. Doch die Treuhandanstalt mit ihrem zweitklassigen Personal hat sich ohne klare Perspektiven und politische Vorgaben aus Bonn durchgewurstelt, war nicht zuletzt durch die vielen Interventionen aus den Gewerkschaften, den Landesregierungen und der Wirtschaft fremdbestimmt. Ihrer Aufgabe war sie niemals voll gewachsen. Und die Bundesregierung hat sich vornehm rausgehalten. Das Ergebnis dieses Führungsmangels können wir noch heute in Ostdeutschland besichtigen.

Für mich ist diese Zeit von 1990 bis hinein in das 21. Jahrhundert von großem Belang. Ich verlasse 1990 die politische Bühne und werde vor neue, spannende Herausforderungen gestellt. Meine hohe Ministerpension macht mich materiell unabhängig. Ich kann mich von der Tagespolitik lösen und die SPD auf Distanz halten und von Ferne betrachten. Ich arbeite an der Uni in Rostock und in Ostdeutschland ohne parteipolitische Fesseln.

Die deutsche Einheit ist nicht nur ein Geschenk Gottes, ein wesentliches Element der dauerhaften Friedenssicherung in Europa. Sie ist für mich wichtig für mein weiteres Leben nach meinem Ausscheiden aus der Parteipolitik. Noch einmal werde ich vor ganz neue Herausforderungen gestellt und muss nicht nach 58 Lebensjahren als materiell gut versorgter Politrentner gelangweilt durch die Tage stapfen. Ich kann beweisen, dass ich noch zu etwas nütze bin, noch nicht zum alten Eisen gehöre. Das ist wichtig für jeden Menschen, auch für mich.

Mein Glaube wächst

Vor Kriegsausbruch herrscht bei uns zu Hause kein spürbares Glaubensklima. Meine Eltern hatten sich kirchlich trauen lassen. Ich wurde bereits in der Geburtsklinik getauft ohne irgendeine Feier. Der Termin wird angesetzt. Die Mütter liegen noch im Wochenbett bei ihren Neugeborenen. Der Pastor kommt, verteilt Sprüche und Taufwasser. Die Taufbescheinigungen werden ausgeteilt. Nun kann mein christliches Leben beginnen.

Ich kann mich nicht daran erinnern, dass wir jemals zur Kirche gegangen sind. Auch Weihnachten nicht. Denn mein Vater muss als Verkäufer im Hamburger Einzelhandel auch am Heiligen Abend lange arbeiten. Und die üblichen Weihnachtslieder hatte er bereits wochenlang im Geschäft plärren gehört. Ich werde versuchsweise zum Kindergottesdienst geschickt. Mit kitschigen Oblaten komme ich nach Hause. Da will ich nicht mehr hin. Den Pastor, einer von den Deutschen Christen – diesen Nazis im Predigerrock –, finde ich langweilig. Da gibt es für mich kein Glaubenserbe. Erst als meine Mutter 1946 stirbt, sagt mein Vater jeden Abend zu mir: „Vergiss das Beten nicht."

Ich bin ein Mensch, der Emotionen misstraut. Mein Verstand funktioniert nicht nur ziemlich gut. Er kontrolliert meine Pläne und meine Handlungen. In jedem Falle bin ich davon überzeugt. Das führt auch dazu, dass ich stets versuche, alles vom Ende her zu bedenken. Wie werden harmlose Flirts enden? Was wird aus einer belanglosen Lüge? Kann ich mich später aus meinem Opportunismus befreien?

Warum glaube ich und was glaube ich? Denn eigentlich müsste mir mein Verstand sagen, dass es „eine Auferstehung des Fleisches" nicht geben kann. Auf das „Jüngste Gericht" hofften die ersten Christengemeinden noch zu ihrer Lebenszeit. Doch bisher ist es ausgeblieben. Im Vaterunser beten wir seit zwei Jahrtausenden: „Dein Reich komme."

Meine Eltern waren davon überzeugt, dass der liebe Gott böse Menschen noch zu ihren Lebzeiten bestrafen würde. Doch meine eigenen Erfahrungen haben mir bereits als Jugendlicher etwas anderes gezeigt. Wo war Gott bei den industriellen Massenmorden der Nazis in Auschwitz? Warum leben so viele miese Typen herrlich und in Freuden?

Trotz der weitgehenden Zerstörung unseres Stadtteils Hamburg-Barmbek im Sommer 1943 hatten unsere Mietshäuser den Feuersturm überlebt. Das hatte vor allem drei Ursachen: Sie liegen zwischen einer breiten Straße mit einer baumbewachsenen Mittelallee und einer bedeutenden Schienenanlage der Hoch- und Walddörfer Bahn, der S-Bahn und der Güterumgehungsbahn. Das hinderte den Funkenflug. Unsere sechs Mietshäuser grenzen an Heidenreich und Harbeck an, eine große Maschinenfabrik, die im Kriege Kanonenrohre fertigte. Und so werden unsere Häuser von der Feuerwehr mit geschützt. Bei der Zerstörung Hamburgs durch die alliierten Bomber ist mein Vater aus Russland auf Heimaturlaub, so dass er aktiv mithelfen kann, die kleinen Brände in den Häusern zu löschen.

Und so stehen unsere Mietshäuser inmitten einer ausgedehnten Trümmerwüste und überleben alle Bombenangriffe. Von uns aus erreichen wir erst nach längeren Fußmärschen Wohnhäuser, die auch wie durch ein Wunder die Feuerstürme nach den alliierten Terrorangriffen auf Hamburg mehr oder minder unbeschädigt überstanden haben.

An solche „Wunder" kann ich nicht glauben. Aber warum eigentlich nicht? Ich glaube ja auch daran, dass es Gottes Wille war, meine Mutter im Herbst 1946 heimzuholen in sein Reich, ich für sie beten kann, wir uns in seinem Reich wiedersehen werden. Gott hört mich an, ob er mich erhört, liegt in seiner Macht. Und damit ist mein Glaube mein Eigentum. Er kann nicht fremdbestimmt werden. Und deshalb sind Pastoren und Kirchen im Laufe meines Lebens für mich immer belangloser geworden.

Mein Vater kommt im August 1945 als Christ und Pazifist aus dem Krieg zurück. Im Herbst 1946 stirbt meine Mutter. Ich komme aus der Schule. Sie sagt noch zu mir: „Gieß die Kartoffeln ab."

Und dann fällt sie vom Stuhl und ist tot. Mein Vater arbeitet im Hafen bei den Engländern in einem ihrer Nachschublager. Telefonisch ist er nicht zu erreichen. Und so muss ich mich allein mit der Straßenbahn und dann zu Fuß auf den Weg machen. Mein Vater besteht darauf, dass wir unsere Mutter erst am folgenden Tag an den Bestatter übergeben. Sie liegt neben uns im Bett. Diese lange Nacht mit vielen Gebeten hat mich nie verlassen.

Dramatisch wird die Beerdigung meiner Mutter. Särge gibt es nicht. Die Toten werden in Sackleinen eingenäht und in einem Leihsarg beigesetzt. Wenn die Trauernden gegangen sind, wird der Sargboden geöffnet, die Leiche fällt in die Grube und der Leihsarg wird für die nächste Beerdigung geborgen. Mein Vater muss viel geben, um das zu vermeiden. Doch lange hält der Sarg nicht.

In unserer Jugend hatten uns Bischöfe wie Dibelius und Lilje viel zu sagen. Vielleicht aber auch nur, weil wir jung sind, hungrig sind auf Glaube und Hoffnung. Ingrid und ich sitzen in überfüllten Kirchen und lauschen atemlos. Doch ihre Nachfolger im Amte gehören zu den Belanglosen mit vielen Komplexen. Einer sagt in seiner Predigt, dass die Menschen heute den Tod aus ihrem Leben verdrängten. Stimmt! Doch dann behauptet er, dass sich Familien heute schämten, wenn sie in ihrer Familie einen Todesfall hätten. Deshalb wollten sie diese Panne schnell ausgleichen und vergessen. Meine Frau sagt halblaut „Quatschkopf". Das wird ihm zugetragen mit der Behauptung, ich hätte das gesagt. Er bläst sich enorm auf. Doch als ich ihn „annehme", fällt er wie ein ungarer Topfkuchen in sich zusammen.

1965, nach meiner Wahl in den Deutschen Bundestag, kehren wir nach sieben Jahren in Luxemburg nach Hamburg zurück. Die Kirche hatte sich theologisch stark verändert, der Zeitgeist hatte sie angefressen. Es geht immer weniger um unseren Glauben, dafür um die „große" Politik: Kampf der Militarisierung, Rettung der Dritten Welt und des grünen Planeten, Gleichberechtigung der Frauen, materielle Gerechtigkeit für die Armen. Wir wechseln bis zu unserem Austritt aus der evangelisch lutherischen Landeskirche Nordelbien viermal die Gemeinde, um eine fromme, christliche Heimat zu finden. Doch das ist schließlich keine Lösung, obwohl mir die Kirchenleitung sagt: „Jedes Kirchenmitglied findet in Hamburg eine zu ihm passende Gemeinde."

Ja, das Angebot ist groß: Feministinnen, Gleichgeschlechtliche, Angebote für „Weltkinder", Gemeinden mit engen Beziehungen und vollem Verständnis für den Buddhismus oder den Islam, selbst fromme Gemeinden gibt es. Eine erstaunliche Vorstellung von evangelisch-lutherischer Landeskirche. Erlaubt ist, was gefällt. Hauptsache, die Kirchensteuer wird gezahlt.

Viele Pastoren der evangelischen Landeskirchen bleiben vor allem im Schneckenhaus ihrer Kerngemeinde. Sie schätzen es nicht besonders, mit Menschen wie mir zusammenzutreffen, die ihre speziellen Glaubensinhalte kritisch hinterfragen. Die Landeskirchen haben längst ihr klares evangelisches Profil verloren. Die Pastoren verkünden, was sie wollen. Für sie ist das Evangelium eine Art Steinbruch, aus dem sie sich für ihre von ihnen verkündigten Wahrheiten ihre Begründungen zusammenklauben. Da wird Homosexualität von Gott gewollt, die Homoehe der von Gott gestifteten Ehe von Mann und Frau gleichgestellt, Ehebruch wird zum „Verkehrsunfall". …

Nun laufen ihnen ihre Mitglieder weg, insbesondere dort, wo sie sich von den christlichen Inhalten unseres Glaubens weit entfernt haben. Sie haben Existenzangst. Deswegen reden sie immer wieder über die Notwendigkeit von Mission. „Nun geht es aber los", so auch die EKD-Synode im Herbst 2007. Wieder einmal Fehlanzeige! Doch womit will man eigentlich missionieren, mit einem diffusen Wellnessangebot? Das können die kommerziellen Wettbewerber viel besser. Und warum sich eigentlich anstrengen? Gehalt und spätere Pension fließen, unabhängig davon, ob man sich wirklich ernsthaft um die Verbreitung unseres christlichen Glaubens und die Verankerung der Kirche im Volk verdient macht oder nicht.

Sie verletzen uns absichtlich. Während unserer Zeit in Berlin 1984/85 verlässt der Pastor nach dem Ende des Gottesdienstes die Kirche, nur um uns nicht die Hand geben zu müssen. Auf dem Hamburger Kirchentag 1981 brüllen mich Tausende nieder und bewerfen uns mit Blut- und Farbbeuteln. Bischof Scharf sagt zu den Anwesenden: Wir dürfen Apel und den anderen „nicht bestreiten, dass sie gute und ehrliche Christen sein wollen".

Zu meiner Erbitterung stellt er sich nicht vor uns. Er erklärt nicht, dass auch wir gute Christen sind. Wir wollen es sein, sagt er. Scharf lässt aber offen, ob wir es auch sind. Wenn man ihm und seinen „theologischen Spießgesellen" aber genau zuhört, sind wir für sie „draußen" und gehören nicht mehr dazu. Und das ist das moralisch Beeindruckende bei diesen Menschen. Wenn dann diese und andere von ihnen mit entfachten Emotionen, Verleumdungen und damit verbundene Massenbewegungen zusammenfallen, ziehen sie sich kühl auf ihre Planstellen zurück und warten auf die nächste Gelegenheit, Unheil zu stiften.

In unseren Beziehungen zur Landeskirche gibt es auch Phasen der Ruhe. Wir arbeiten beide für die Evangelische Stiftung Alsterdorf. Kaum bin ich im Mai 1974 Finanzminister im Kabinett Helmut Schmidt, ruft mich der Werftdirektor des Bremer Vulkan an. Loki Schmidt hätte den Supertanker der Shell „Liotina" taufen sollen. Als Kanzlergattin kann sie das nicht mehr. Nun soll das Ingrid machen. Wir sagen „Ja". Doch als der Werftdirektor anbietet, nun möchte ich doch Schmuck quasi als Taufgeschenk für meine Frau bestellen und zwar für rund 15.000 DM, lehnen wir das ab. Wenn er uns aber über diese Summe einen Verrechnungsscheck für „Alsterdorf" geben würde, machten wir das. Wir erhalten 25.000 DM. Und so können in Alsterdorf zwei Mansarden für zwei behinderte Frauen ausgebaut werden.

1999 treten wir wegen der kirchlichen Segnung der gleichgeschlechtlichen Paare aus der Nordelbische Kirche aus. Es gibt einen Sturm, vor allem aber im „Wasserglas". Hunderte von Briefen erreichen uns. Einige hätten von meinem Vater inspiriert sein können. „Wie tapfer Sie sind, so konsequent. Doch wenn schon Austritt, dann aber bitte heimlich ohne Öffentlichkeit."

Andere beschweren sich, dass ich dadurch die Kirche schwäche und den ehrenamtlichen Mitarbeitern ihren Elan nähme. Doch die meisten freuen sich. Endlich mal einer, der den Mut zu einem solchen Schlussstrich hat. Doch sie selbst wagen das nicht. Auch nicht gerade ein Zeichen von Zivilcourage in unserer demokratischen und pluralen Gesellschaft. Unser Nachbar, ein pensionierter Fischdampfer-Kapitän, tritt erst jetzt aus. „Hätte ich das während meiner aktiven Zeit gemacht, hätten wir wesentlich weniger Fische gefangen."

Wir sind nun Mitglied einer kleinen lutherischen Freikirche. Die Gemeindemitglieder sind fromm. Die Welt um sie herum interessiert sie kaum. Ich meckere. Ingrid empfiehlt mir, eine eigene Kirche zu gründen, um dort Bischof zu werden. Ich wundere mich: „Das sagst ausgerechnet du, die mich doch nur dann heiraten wollte, wenn ich kein Pastor werde."

Antwort: „Das bist du doch längst. In ganz Deutschland redest du alle naslang wie ein Missionar über Kirche und Glauben heute."

Ich bekenne meinen Glauben auch öffentlich und versuche gar nicht erst, ihn mit meinem rationalen Verhalten abzustimmen. Ich versuche, mich an Gottes Gebote zu halten, und weiß, wann ich schwach war. Dann will ich mich bessern und bitte Gott um Hilfe. Was interessiert mich schon, ob die Wissenschaft im Anschluss an Darwin die Entwicklung der Arten einleuchtend erklärt, dass der Kosmos Folge eines Urknalls ist? Ohne Gottes Mitwirkung sind solche Prozesse für mich sowieso nicht vorstellbar. Ich brauche meinen Glauben, um leben zu können. Mein Gebet tröstet mich, hilft mir. Das ist keine Autosuggestion.

Für mich ist es klar, dass unsere demokratische, plurale Gesellschaft ohne gemeinsame Grundwerte zu einer Banditengesellschaft wird. Das kann kein Rechtsstaat verhindern. Im Steuerrecht wird das am sichtbarsten. Da es als ein Kavaliersdelikt gilt, den Staat zu betrügen, wird hemmungslos geschummelt. Immer neue Steuersparmodelle entstehen. In diesem Wettlauf zwischen Hase und Igel, der Steuerverwaltung und den „Steuersparern", verkünden die Pfiffigen stets: „Wir sind schon da."

Diese Grundeinstellung hat überall die Moral der Treue und der Ehrlichkeit erodiert. Nur nicht erwischen lassen, heißt die Devise. Und obendrein kann man sich mit solchen „Heldentaten" auch am Stammtisch, im Bekannten- und Freundeskreis wichtigmachen. Insofern unterscheiden sich Bankmanager nur in den finanziellen Größenordnungen von den anderen.

Natürlich kehrt eine christlich geprägte Gesellschaft nicht wieder. Und das ist gut. Ein Blick in die Geschichte macht deutlich, wohin der Herrschaftsanspruch der Kirchen geführt hat. Menschenrechte und Menschenwürde galten, wenn überhaupt, nur für die mit dem rechten Glauben. Aber das heißt doch nicht, dass wir heute auf den christlichen Beitrag zu den Grundwerten und ihrer Weiterentwicklung in unserer pluralen Gesellschaft verzichten können. Kirchen, die diesen Auftrag vergessen, verraten nicht nur unser Christentum, sondern machen sich selbst überflüssig.

Heute verstehe ich, wie es zu den großen Problemen der theologischen Entwicklung der evangelischen Landeskirchen kommen konnte und wie sie auch heute noch fortwirken. Sie wollten heraus aus ihren Glaubensgettos, in denen sich unsere Freikirche wohlfühlt. Sie wollten nicht nur wie Martin Luther dem Volk aufs Maul schauen, sondern ihm auch lebensdienlich sein. Und so haben sie sich schließlich dem Zeitgeist ergeben und ihre Botschaft im Meer der Beliebigkeit versenkt.

Andere sind diesen Weg nicht mitgegangen und müssen darum ringen, in unserer Gesellschaft nicht zu christlichen Autisten zu werden. Ist die katholische Kirche erfolgreicher, diese beiden christlichen Irrwege zu vermeiden? Mit diesem Papst? Ich weiß es nicht. Doch ich bin ein antiautoritärer Typ. Katholisch kann ich deshalb nicht werden.

Mein Leben lang bin ich auf der Suche. Nur selten habe ich Glück und finde mit Gottes Hilfe einen Pastor, der sich selbst nicht zu wichtig nimmt und auf den längst überflüssigen Pomp verzichtet, aber fest in seinem Glauben ist, so predigt, dass sich Zuhören lohnt. An Weihnachten 2004 sterben Zehntausende Menschen in Asien in den hohen Wellen des Tsunami. Doch die uns in unserer Gemeinde zugedachte Weihnachtspredigt erwähnt diese Katastrophe mit keinem Wort. Sie bringt das Übliche. Und auch das ist viel zu wenig. Wenigstens für mich.

Und so stelle ich mir immer wieder die Frage, warum wir überhaupt zur Kirche gehen? Sie nennen das „Gottesdienst", als wenn damit von uns eine von unserem Herrgott geforderte Dienstleistung erbracht wird. In Englisch und Französisch heißt es „service". Das trifft es schon besser. Die Kirche, insbesondere der amtierende Pastor, will uns mit Gottes Wort, gemeinsamem Gesang und Gebet und seit Luther insbesondere durch die Predigt helfen, unseren Glauben zu festigen und im Gottesdienst die Anwesenheit des Herrn zu spüren. Wenn uns dazu aber nur Belangloses und inhaltsleere Rituale angeboten werden, handelt es sich um verlorene Zeit.

Solche Gottesdienste ärgern uns. Und Ingrid fragt zu Recht nach 90 Minuten Langeweile am Sonntagvormittag, „und wann soll ich noch die Kartoffeln aufsetzen?" Bleiben nur noch die gemeinsam gesungenen Choräle, die sowieso täglich meine Begleiter sind. Da ich Texte nicht behalten kann, pfeife ich sie: „Wer nur den lieben Gott lässt walten" oder „Die güldne Sonne" oder „Ich bete an die Macht der Liebe" sind meine Hits.

Die einen halten sich fest am Überkommenen, definieren ihre Rolle als Christen auch damit, dass im Abendmahl der Herr Jesus real in seinem Fleisch und seinem Blut präsent ist. Die anderen halten sich damit nicht auf. Sie wollen den Menschen dienstbar sein, von den Homosexuellen bis zu den Geschiedenen. Da halte ich es schon mit den Traditionalisten, auch wenn sie mir keine Hilfe geben. Wenn ich zur Kirche gehe, will ich Gott nahe sein und nicht mit Schnickschnack abgespeist werden. Ich bleibe in der Kirche, wer würde mich sonst beerdigen. Doch bleibe ich auf der Suche. Die Angst um die materielle Zukunft der Kirchen ist für mich kein Maßstab. Sie haben es selbst in der Hand, ob sie sich überflüssig machen oder nicht. Uns bleiben immer unsere geliebten Orgelkonzerte, in denen Gott durch die Musik zu uns spricht.

Ich „tanze aus der Reihe", auch weil das meinem Naturell entspricht, aber vor allem deshalb, weil keiner auf eingefahrenen Gleisen zu seinem Ziel kommt. So genau weiß ich nicht, was mich noch erwartet. Deshalb lasse ich mir auch nicht einreden: Bei uns findest du Wahrheit und Gottes Gnade. Das sind nur Scheinsicherheiten, die nicht stimmen müssen. Suche heißt auch Unsicherheit und verlangt Entschlossenheit. Ist das die Sache wert? Warum Gott nicht einen guten Mann sein lassen? Falsch: Dafür geht es um zu viel.

Mein Glaube ist das zentrale Element meines Lebens. Doch ich habe viele Interessen und Verpflichtungen. Warum nicht vor oder nach einem Gottesdienst oder einem Orgelkonzert zum FC St. Pauli gehen und zusammen mit den Fans unsere Mannschaft anfeuern? Viele Christen sind so schrecklich einseitig. Ich liebe meine Kinder und meine Enkelkinder. Sie sind keine Atheisten, aber glaubens- und kirchenfern. Ich nehme das hin. Meine Freunde teilen meinen Glauben nicht. Und wir kommen dennoch klar und respektieren uns gegenseitig. Ich lasse mir keine Vorschriften machen von den ordinierten, für mich selbst ernannten Glaubenshütern. Ich finde meinen Weg dank Gottes Hilfe auch ohne sie. Je älter ich werde, je mehr gehe ich im Interesse meiner Frau und meiner Familie, auch meiner Freunde Kompromisse ein, weiß aber, was ich tue. Unser Weg durch diese Welt ist ein Zickzackkurs. Doch das

Ziel muss sichtbar bleiben und immer wieder neu angesteuert werden.

Zum Schluss

„Die können den Hals nicht voll kriegen!" Das könnte der Leitspruch unserer Zeit sein. Die Gehälter der Manager weltweit, auch in unserem Lande, steigen Jahr für Jahr zweistellig. Besonders viele Bankmanager haben ihre Moralvorstellungen „an der Garderobe abgegeben". Die Steuerbetrüger gehen oft geographisch und moralisch weite Wege, um ihre Einkünfte und ihr Vermögen so zu verstecken, dass sie ihren Beitrag zur Mitfinanzierung ihres Gemeinwesens verweigern können. Subventionsempfänger betrügen die Europäische Union jährlich um Milliarden. ... Warum tun die das? Na ja, sie können eben ihren Hals nicht voll kriegen.

Eine Erklärung ist das nicht. Denn, so sagt ein anderes Sprichwort: „Das letzte Hemd hat keine Taschen."

Ihre überflüssigen, oft illegal erzielten Millionen können sie zu ihren Lebzeiten nicht ausgeben, selbst wenn sie ihre Zähne mit Kaviar putzen würden. Heute können wir auf dem Hamburger Friedhof Ohlsdorf immer wieder günstig baufällige Mausoleen übernehmen. Die Namen ihrer damals reichen Erbauer sind verweht. Von ihren Erben keine Spur.

Gier! Das Leben ist so kurz. Da muss man einsacken, was man kann. Geld ist das äußere Zeichen für Erfolg. Nur nicht mit „Peanuts" aufhalten. In meiner Lebenszeit als aktiver Politiker habe ich nur wenige Kollegen kennengelernt, die den Managern ihre damals noch keineswegs üppigen Gehälter neideten. Heute ist das anders. Ein durchaus erfolgreicher Bundeskanzler verlässt abrupt die Politik, um sich unter Einsatz seiner bisherigen Beziehungen künftig in Millionen zu suhlen, die er für sein normales Wohlleben nicht benötigt. Nun kann er mit den Wirtschaftsbossen mithalten. Und für ihn wird Russlands Putin zu einem „lupenreinen Demokraten".

Nur kein Vorbild sein. Das ist ihr Lebensmotto. Als wenn eine wenn auch noch so plurale Gesellschaft auf die Dauer auf Vorbilder verzichten kann. Unsere parlamentarische Demokratie lebt davon, dass sich die Vielen mit ihr und ihren Repräsentanten identifizieren können, Menschen zur aktiven Mitarbeit bereit sind, auch wenn keine bezahlten Mandate locken. Wer nicht Vorbild sein kann und das sogar ablehnt, hat in der Politik, aber auch in den Führungsetagen von Wirtschaft und Gesellschaft nichts zu suchen.

Naiv ist es, die Bezahlung unserer Mandatsträger wesentlich zu verbessern, um die Attraktivität des Politikbetriebes für junge Menschen zu erhöhen. Vor allem kommen dann die, die an ihrem materiellen Aufstieg basteln. So werden nur noch stärker monetäre Maßstäbe in die Politik eingeschleppt. Um einen späteren materiellen Abstieg durch Mandatsverlust zu vermeiden, werden diese Politiker sich notfalls auch so verbiegen, dass die Oberen oder mitentscheidende Delegiertenversammlungen an ihnen ihre Freude haben. Da finden sich die Bürger als Wähler nicht ausreichend vertreten. Kein Wunder, dass die Zahl der Parteimitglieder und die Wahlbeteiligung immer weiter abnehmen. Nur eine grundsätzliche Änderung der Verhaltensweisen der Handelnden kann unsere Demokratie vor ihrem schleichenden Verfall bewahren.

Keiner unter den Lebenden ist ein so besonderer Mensch, dass ihm exzessive materielle Auszeichnungen zustehen. Die zentrale Voraussetzung für unsere Bereitschaft, diese Selbsterkenntnis zu akzeptieren, ist, sich selbst nicht zu ernst zu nehmen, zu seinen kleinen und großen Fehlleistungen zu stehen und nicht andere dafür büßen zu lassen. Das ist schwer, kann aber gelernt werden. Ohne die Bereitschaft zur Selbstkritik bleibt der Mensch nur eine Hülle, angefüllt mit Eitelkeit, Egoismus, Gier, Überheblichkeit und Selbstüberschätzung. Und spätestens an ihr wird er scheitern.

In meiner Jugend hieß es: „Man wird nicht reich von dem, was man einnimmt, sondern von dem, was man nicht ausgibt."

Wir beide hatten in den Jahrzehnten unserer Ehe stets mehr Geld, als wir brauchten, auch während unserer ersten gemeinsamen Jahre. Um Geld haben wir uns niemals streiten müssen. Das geht aber nur, wenn die materiellen Dinge im Leben eine zweitrangige Rolle spielen. Es ist doch mehr als belanglos, wie PS-stark der eigene Pkw. ist, ob er zu einer der anerkannten Edelmarken gehört. Hauptsache ist doch, dass er unseren Bedürfnissen gerecht wird. Was unsere Nachbarn und Freunde davon halten, ist für uns belanglos.

Unser im Jahr 2009 verkauftes Segelboot war 30 Jahre alt. Damals gehörte es mit seinen 8,40 m Länge und seinem Plumpsklo mitten im Salon zur Mittelklasse. Heute ist ein „standesgemäßes" Segelboot zehnmal so teuer. Es hat natürlich mindestens eine fest installierte Dusche mit Warmwasser und ein Luxusklo. Meine Freunde sagten: „Im Gegensatz zu den Segelboothochstaplern auf der Ostsee bist du mit deiner Maxi 84 einer der größten Tiefstapler."

Als wir 1981 als Gäste des dänischen Verteidigungsministers zusammen mit unserem Freund Herbert im Kopenhagener Marinehafen lagen, grüßten die Wachhabenden besonders aufmerksam Herbert. Er hatte das dicke und große Schiff. Also musste er der deutsche Minister sein.

Zwei Eigenschaften sind aufgrund meiner Erfahrungen für ein gutes Leben wichtig: Neugierde und Standvermögen. An jeder Ecke kann etwas Neues auf uns warten. Dann müssen wir ohne Scheu, aber auch ohne Größenwahn dem Neuen eine Chance geben. Nur nicht stur durchs Leben trotteln, immer wieder die ausgetretenen Pfade ansteuern, neue Ideen und Herausforderungen vermeiden. Allerdings geht das nur, wenn wir unsere Angst vor Widerständen, neuen Problemen, dem eigenen möglichen Abstieg, bändigen können. Wer aufsteigen will, muss wissen, dass sein Abstieg unvermeidlich kommt. Es sei denn, er segnet vorher das Zeitliche.

Zu dieser „Lebenswanderung" können wir aber nur dann mit Aussicht auf Erfolg antreten, wenn wir Menschen unbesehen und voll vertrauen, mit denen wir gemeinsam durch unser Leben gehen. In unserer Jugend waren das unsere Eltern. Wissen wir eigentlich, welch unverdienter Schatz denen gegeben wird, die in einer solchen Umgebung umsorgter Jugend, verständiger und beständiger Zuneigung groß werden konnten?

Doch der lange Weg durch unser Leben verlangt noch mehr. Allein schaffen wir es nicht. Wir brauchen Liebe, Verständnis, Vergebung, Treue von unseren Nächsten. Sie sind unsere Fluchtburg. Sie helfen uns zu leben. Ohne meine Frau geht es nicht.

Doch da gibt es keine Einbahnstraßen. Nur in der Zweisamkeit entstehen solche Sicherheiten. Nur wenn ich dem anderen mein Herz und meine Hand gebe, kann ich auf ihn hoffen, kann ich sicher sein. Wer auf seiner Ehe rumtrampelt, seine Freunde betrügt, seine Kinder nicht liebt, wird das ernten, was er gesät hat. Das bedeutet keineswegs, dass nur „Engel" sicher durch ihr Leben kommen. Wir sind doch alle zusammen Sünder. Das aber verlangt von uns, dass wir ehrlich zu uns selbst sind, unsere Fehler bereuen, uns vornehmen, uns zu ändern und das nicht nur anonym mit uns selbst abzumachen.

Um Verzeihung zu bitten, ist wohl schwerer, als selbst zu verzeihen.

Unverständlich ist, wie wenig Menschen dankbar sind für ihr Leben, für den bei uns täglich gedeckten Tisch, für den Frieden in Europa, für unser soziales Netz. Natürlich leben wir nicht in einer perfekten Gesellschaft. Weitere Reformen brauchen wir. Doch die Kernfrage ist: Ist das Glas halb leer oder schon halb voll? Ich jedenfalls bin dankbar für mein Leben, für meine Konstitution, vor allem aber für die Liebe meiner Frau und meiner Kinder. Ich weiß, dass ich sterben muss. Das ist mir täglich bewusst und verstärkt nur meine Dankbarkeit für mein mir gewährtes Leben.

In meiner Jugend wollte ich mich zwar verheiraten, aber Kinder wollte ich eigentlich nicht. Meine Frau war anderer Meinung und so geschah es. Das war gut so. Kinder bremsen nicht nur einen ungesunden Egoismus, sondern sie stärken auch den Blick auf unser Umfeld und auf gesellschaftliche Entwicklungslinien, die über unser Leben hinausreichen können. Die einfache, primitive Kostenrechnung, Kinder sind teuer, wird bei aller Bereitschaft zu einer Stärkung der staatlichen Familienpolitik dem Wert eigener Kinder nicht gerecht. Liebe, Freude, Sorgen, gemeinsames Handeln, Dankbarkeit, Enttäuschungen lassen sich mit einer simplen Kostenrechnung nicht erfassen.

Das Beste an den Kindern sind unsere Enkelkinder. Klaus-Peter Jörns stellt in seiner Veröffentlichung aus dem Jahre 1999 „Die neuen Gesichter Gottes – Was die Menschen heute wirklich glauben" dar, dass nur noch eine Minderheit der Befragten an die Auferweckung der Toten durch Gott glaubt. Der „Hit" ist die „Seelenwanderung", was sich auch immer für den Einzelnen dahinter verbirgt. Eine stattliche Zahl der Menschen sagen, sie werden in ihren Kindern und Enkelkindern weiterleben. Erstaunlich ist, dass sich das nicht in einer höheren Geburtenrate niederschlägt.

Doch deshalb sind für uns unsere Enkelkinder nicht wichtig. Ich glaube an die Auferweckung durch Gott. Sie sind so wichtig für uns, weil sich für uns noch einmal das Wunder des Menschwerdens, der Herausbildung ihrer Individualität, ihrer Neugierde auf ihr Leben entfaltet. Wir werden ihr Leben nur noch eine Weile begleiten können, für ihre materielle Absicherung haben wir im Rahmen unserer Möglichkeiten mit vorgesorgt. Sie lieben uns. Wir sie. Für uns sind sie Balsam für unsere Seele. Gott bitte ich, ihnen wie uns in ihrem Leben zur Seite zu stehen.

Vom selben Autor

Europa ohne Seele

Warum wir mit der EU
so wenig anfangen können

256 Seiten, gebunden
ISBN 978-3-7655-1952-9

Hat das Europa der EU überhaupt eine Chance? Und welchen Nutzen soll es haben – darf man danach überhaupt fragen? Spannend und mit spitzer Feder erzählt Hans Apel von Europa, der Gründung der EU, den Auseinandersetzungen auf politischer Ebene, den drohenden Werteverlusten und Werteumwandlungen, der (vertanen) Chance der Kirchen und den Zukunftsperspektiven.

BRUNNEN VERLAG GIESSEN
www.brunnen-verlag.de

Martin Schmiedel

Sabine Ball

Begegnungen und Erinnerungen

128 Seiten, gebunden
ISBN 978-3-7655-1730-3

Sie war Kriegsflüchtling, Millionärin, High-Society-Lady
und Hippie-Mutter. Sabine Balls Herz schlug für Kinder und
Jugendliche, für die niemand Zeit hat. Und für Menschen in
Not. Dieses neue Buch erzählt spannende Begebenheiten aus
ihrem Leben: von unverhoffter Heilung, großen Geldgeschen-
ken für ihren ehrenamtlichen Einsatz und davon, wie Gottes
Liebe Menschen verwandelt. Mit diesem Buch, abgeschlossen
kurz vor ihrem Tod im Juli 2009, übergibt Sabine Ball ihr Ver-
mächtnis: „Für ein erfülltes Leben und glückliches Leben sind
zwei Dinge nötig: in Gottes Licht leben und anderen den Weg
dahin zeigen. Mehr braucht es nicht."

BRUNNEN VERLAG GIESSEN
www.brunnen-verlag.de